普通本科院校专业设置变迁研究

邓乐君　著

NORTHEAST NORMAL UNIVERSITY PRESS
WWW.NENUP.COM

东北师范大学出版社

图书在版编目（CIP）数据

普通本科院校专业设置变迁研究 / 邓乐君著．-- 长
春 ： 东北师范大学出版社， 2023.3
ISBN 978-7-5771-0114-9

Ⅰ．①普… Ⅱ．①邓… Ⅲ．①高等学校－专业设置－
研究－中国 Ⅳ． ① G649.28

中国国家版本馆 CIP 数据核字（2023）第 038803 号

□ 责任编辑：刘兆辉　□ 封面设计：优盛文化
□ 责任校对：卢永康　□ 责任印制：许　冰

东北师范大学出版社出版发行
长春市净月经济开发区金宝街 118 号（邮政编码：130117）
销售热线：0431-84568036
网址：http://www.nenup.com
东北师范大学音像出版社制版
石家庄汇展印刷有限公司印装
河北省石家庄市栾城区樊家屯村人大路与长安街西行 300 米路南
2023 年 3 月第 1 版　2023 年 3 月第 1 次印刷
幅画尺寸：170mm×240mm　印张：14.25　字数：225 千

定价：88.00 元

本著作是江西省重点教改课题"专业综合评价背景下地方高校专业预警与动态调整机制研究与实践"（项目编号 JXJG-17-14-1）的成果之一。

前　言

　　普通本科教育是现代高等教育的基本组成部分，也是现代高等教育的基础，在现代高等教育中发挥着极其关键的影响作用。随着 21 世纪的到来，我国高等教育的发展进入新的历史时期，高等教育改革不断深化，同时"双一流"建设工程推动我国普通本科教育进入了新的发展阶段。在历史发展的新阶段，普通本科院校专业设置在高等教育整体质量的发展中所起的作用越来越重要。

　　本书对普通本科院校专业设置变迁进行了系统研究，力图通过全方位的分析与论述，同时结合新时代普通高等学校面临的机遇与挑战，为普通本科院校的专业设置建言献策。

　　本书第一章主要对普通本科院校专业设置相关概念以及普通本科院校专业设置的理论基础进行了概述。本书第二章对改革开放前、20 世纪八九十年代以及 21 世纪三个阶段我国普通本科院校专业设置变迁进行了详细分析与研究。本书第三章对普通本科院校专业设置变迁的影响因素、特征和规律三个方面进行了详细分析。本书第四章对新时代普通本科院校专业设置的背景、新机遇和新挑战三个方面进行了详细分析。本书第五章对新时代普通本科院校专业设置需遵循的多元视角逻辑整合与统一原则、多方利益关系制衡与统一原则、多样需求方向兼顾与统一原则三个方面进行了详细分析。本书第六章从坚持具有时代性的专业设置与优化理念、建立健全普通本科院校专业管理体制、加强普通本科院校专业自治体制建设三个方面详细阐释了新时代普通本科院校专业设置与优化的对策。

本书基于历年我国教育部门发布的普通高等院校专业设置相关文件，对比分析了普通本科院校专业设置的变迁和规律，具有较强的学术价值和实践意义。

目　录

第一章　普通本科院校专业设置概述

第一节　本科院校及专业设置相关概念概述

高等教育领域的"专业"是一个极其重要的概念，是学科及其分类与社会职业需求的结合点或交叉点，是构成高等教育的基本要素。本节主要对高等教育领域的本科院校、专业设置等相关的概念及其内涵进行详细阐释。

一、本科院校概念

本科属于办学层次，根据我国教育部 2022 年 5 月公布的信息，截至 2022 年 5 月 31 日，全国高等学校共计 3 013 所。其中：普通高等学校 2 759 所，含本科院校 1 270 所、高职（专科）院校 1 489 所；成人高等学校 254 所。本名单未包含港澳台地区高等学校。

二、专业设置的概念辨析

（一）专业的概念

"专业"从词源上来看，指学业门类。从词汇起源来看，"专业（profession）"一词最早演化自拉丁语，意为公开阐述自己的观点与信仰。由于时代的变迁，在不同的语境下，不同专家和学者赋予了"专业"丰富的内涵。

从汉语词汇的视角来看，"专业"一词是 20 世纪 50 年代，我国学者译自俄文的词汇，如《教育大辞典》中指出"专业"译自俄文，指的是"与《国际教育标准分类》中的课程计划或美国高等学校的主修大体相似的培养学生的各个专门领域"[①]。1949 年以来我国高等教育的不断发展，推动"专业"一词逐渐成为广为人知的本土概念。

自"专业"概念被引入我国以来，其并非完全固定，而会在不同的时代发生改变。此外，从不同的视角进行理解，"专业"的概念也不尽相同。专

---

① 教育大辞典编纂委员会．教育大辞典：第 3 卷 [M]．上海：上海教育出版社，1991：26．

业包含广义和狭义两方面概念。广义上的"专业"是指某种职业特定的劳动特征，这种劳动特征与其他职业的劳动特征相比具有较为明显的区别。狭义上的"专业"是指一种特定的社会职业，一种复杂、高级、专门化程度较高的脑力劳动（表1-1）。

表1-1　专业概念阐释一览表

角度	概念
从社会学视角看	专业具有一定的社会功能，是根据社会职业分工所形成的各个专门领域，是为满足从事某类或某种社会职业所要接受的训练需要而设置的[①]
从经济学视角看	专业意味着专业化的人力资源，它是市场经济中的基本资源
从教育学视角看	专业是一种教育组织结构或教育模式
从学校视角看	专业是根据知识分类所形成的教学组织模式，是为学科承担人才培养职能而设置的[②]
从学生视角看	专业是指高等学校中培养学生的学科门类，是为满足学生各方面发展需要而设置的[③]

高等院校视角的"专业"既要遵循学科知识体系的内在逻辑，也要符合社会职业分工的需要，另外还要承担人才培养的职能。

（二）专业设置的概念

从学校视角来看，专业是根据知识分类所形成的教学组织模式，高校专业是为学科承担人才培养职能而设置的。因此，高校专业是高等教育部门根据科学分工和产业结构的需要所设置的学业门类，高校专业设置是人才培养模式的重要标志，它规定着专业的划分及名称，反映培养人才工作的业务规格和方向，直接影响着招生、培养、学位授予、就业和教育质量评估等方面。[④]

---

① 冯向东.学科、专业建设与人才培养[J].高等教育研究，2002（3）：67-71.

② 刘海涛.基于"双一流"的高校本科专业设置内涵解析[J].宁波大学学报（教育科学版），2022（1）：108-115.

③ 刘海涛.基于"双一流"的高校本科专业设置内涵解析[J].宁波大学学报（教育科学版），2022（1）：108-115.

④ 龚怡祖.论大学人才培养模式[M].南京：江苏教育出版社，1999：33.

（三）本科专业设置

高校本科专业设置是国家和高校按照学科知识分类与社会职业分工对本科阶段各种专业进行设置的行为过程，以及由此形成的反映高校本科各专业人才培养目标的专业建设与发展活动。

三、普通本科院校专业设置的内涵

本书中高校本科专业设置的内涵指根据我国政府有关部门出台的《高等学校本科专业设置规定》《中华人民共和国高等教育法》等有关政策法规，以及普通本科院校专业设置工作。

第二节 普通本科院校专业设置的理论基础

普通本科院校专业设置的理论基础包括需求与供给理论、教育的内外部关系规律理论、人力资本理论，以及教育与生产劳动相结合理论等。

一、需求与供给理论

需求与供给是经济学中常用的两个词语，是经济领域两个常见术语。需求与供给理论历史悠久，早在 17 世纪中后期，西方经济学家威廉·配第（W. Petty）等人即开始使用需求与供给理论解释社会现实生活中的一些现象。

（一）需求理论与供给理论

1. 需求理论

需求，又称为有效需求，是指买方在某一特定时期内，在每一价格水平时愿意而且能够购买的商品量。需求理论强调：一方面需求必须以个人愿望作为出发点，在愿望的基础上产生实际购买动机；另一方面，需求必须以购买能力作为支持力量，如果缺乏购买能力，那么，即使个人拥有强烈的购买愿望也无法转变为实际的购买行为。

影响需求的因素主要包括商品或服务的自身价格、相关商品和服务的价格、商品或服务的预期价格、消费者的收入水平、消费者的偏好等（表1-2）。

表1-2　影响需求的因素一览表

序号	因素	特点
1	商品或服务的自身价格	商品的当前价格越高，该商品的需求量通常越小；商品的当前价格越低，该商品的需求量往往越大
2	相关商品和服务的价格	某种特定商品或服务的价格不变，但其相关商品或服务的价格发生变动时，该商品或服务的需求也会发生相应变化
3	商品或服务的预期价格	消费者对某种特定商品或服务的价格预期，在一定程度上会影响该商品或服务的当前需求数量
4	消费者的收入水平	通常当消费者的收入水平提高时，正常商品或服务的需求数量会有所提高；反之，低档商品或服务的需求数量则会提高
5	消费者的偏好	当消费者对某项商品或服务存在特殊偏好时，会直接影响该商品或服务的需求数量

衡量某项商品和服务的需求可以借助需求函数、需求表和需求曲线等工具。一般而言，在其他条件不变的情况下，大多数商品或服务价格上升时，消费者对该商品或服务的需求数量减少；当商品或服务的价格下降时，消费者对该商品或服务的需求数量增加。由此可以总结出，当其他条件不变的情况下，商品或服务的需求数量与价格呈反向变动的规律，即需求规律。

2.供给理论

供给，是指生产者在一定时期内各个价格下愿意出售并且能够卖出的商品或服务的数量。从此定义可以看出，供给应具备两个必要条件：一方面，生产者有出售其商品或服务的意愿；另一方面，生产者有供应商品或服务的能力，两者缺一不可。

影响商品或服务供给的因素主要包括以下几个方面（表1-3）。

表1-3　影响供给的因素一览表

序号	因素	特点
1	商品或服务的当前价格	商品当前价格越高，其供给数量越大；反之，其供给数量越小
2	商品或服务的预期价格	生产者对商品或服务未来的价格预期会对当前商品或服务的数量产生影响
3	生产成本	商品或服务价格不变的情况下，其生产成本增加、利润下降，将对该商品或服务的供给数量产生直接影响
4	生产者的技术水平	生产者的技术水平提高，在一定程度上能够增加商品或服务的供给数量

衡量某项商品和服务的供给可以借助供给函数、供给表和供给曲线等工具。一般而言，在其他条件不变的前提下，大多数商品或服务的价格上升时，生产者对该商品或服务的供给数量会相应增加；当某种特定商品或服务的价格下降时，生产者将减少该商品或服务的供给。由此可见，当其他条件不变的前提下，大多数商品或服务的供给数量与价格通常呈现出反向变动的规律。

（二）需求与供给理论在高校本科专业设置中的应用

教育是一种培养人的活动，有关教育的需求与供给特点同一般商品或服务的需求与供给特点存在较大的差异。然而，教育又具有一般商品或服务的属性，因此也存在需求与供给的问题。可以运用需求与供给理论分析高校教育中的供求问题。

1.高等教育领域的需求与供给分析

高等教育领域的需求与供给是指将经济学中的"需求""供给"概念应用至高等教育领域，从经济学视角对高等教育领域的需求和供给进行分析。从这一视角出发，可以归纳出高等教育领域需求和供给的概念。

所谓高等教育领域的需求是指某一特定时间内，国家和企业等社会用人部门出于追求经济利益或促进社会发展等目的所产生的对高等教育机会的需求。[1]

---

[1] 许之所.高等教育需求与供给分析[J].华中农业大学学报（社会科学版），2007（3）：115-117.

所谓高等教育领域的供给是指某一特定时间内，特定地区的高等教育机构所能向受教育者提供的机会。[①]

从高等教育领域需求与供给的概念来看，当高等教育作为一种社会性的生产行为时，存在高等教育机会和产品的生产者、供给者，高等教育机会和产品的需求者，以及高等教育产品需求者三种主体，分别对应高校、学生、用人单位。高等教育产品在这里主要指人力资本。高等教育领域的需求与供给三个主体之间存在着两组供求关系：一组为由教育系统与用人部门构成的供求关系，简称为"高等教育产品的供求"；另一组为由高等教育机会和产品供给者与高等教育机会和产品需求者构成的供求关系，即高等教育机会的供求。

从哲学视角来看，需求与供给通常作为一对基本矛盾而存在。高等教育的需求与供给相对较为复杂，受到社会用人单位需求、教育政策、经济发展，以及人们的认知倾向等影响。

2.高等教育领域的需求与供给对高校本科专业设置的影响

高等教育领域的需求与供给可以细分为有效需求和有效供给。其中，有效供给是指生产者所生产的商品或提供的服务符合消费者的需求，能够经市场交换充分实现其价值。[②]

社会主义市场经济前提下，高等教育机会和产品的有效供给，应当同时满足用人单位和受教育者个人或家庭的需要。因此，本书所指的高等教育领域的有效供给是指社会主义市场经济前提下，高等教育院校在某一段时间内所提供的高等教育必须同时满足消费者个人需求和国家经济社会发展对各类劳动者和专门人才的需求。这种满足一方面包括高等教育机会和产品数量与质量上的满足，也包括高等教育机会和产品结构上的满足。只有同时满足这两个方面，才能称之为高等教育有效供给，否则称之为高等教育无效供给。

高等教育无效供给可以体现为三种形式。

（1）由于不符合我国社会经济发展的需求，而无法被用人单位接纳，毕业后的学生处于失业或长期待业状态。

---

① 靳希斌.教育经济学[M].北京：人民教育出版社，2001：80.

② 吴开俊.教育有效供给与教育结构关系刍议[J].广州大学学报（综合版），2000（5）：24-28.

（2）较高教育程度学生毕业后从事较其教育程度低得多的工作，即教育过度或委屈就业。

（3）教育机会供给无法被个人消费者吸纳。

这三种形式的高等教育无效供给均会造成教育资源的浪费。高等教育领域的有效供给属于一种较为理想的状态，然而在高等教育实践过程中，难免存在高等教育无效供给的情况。尤其是进入 21 世纪以来，我国高等教育逐渐进入大众化和普及化阶段，高等教育产品极大丰富，大学生就业市场出现了生产过剩现象，而这表明存在无效供给，且从经济学视角反映出高等教育的有效供给不足。

针对社会上出现的高等教育人才有效需求供给不足的情况，高校应及时调整专业设置以适应社会经济对人才需求的变化，逐步促成高等教育人才供给与用人单位人才需求相符合的状态。

二、教育的内外部关系规律

规律，通常又称为法则，是指客观事物在发展过程中本质的、必然的、不以人的意志为转移的关系，规律具有普遍性、客观性特点。任何领域中事物的发展只有适应相应的发展规律，才能呈现出科学、良好的发展状态。教育的发展也应当符合一定的规律。

（一）教育的规律分类

教育的规律包括内部关系规律和外部关系规律两种类型。

1. 教育的内部关系规律

教育的内部关系规律是指教育和人的发展关系规律。教育的内部关系规律指影响人才培养的教育系统内部各因素间的必然联系与作用的总和。教育的内部关系规律涉及教育者、教育对象等多个主体，主要包括三个方面的内容。

（1）教育与教育对象的身心发展及个性特征间的关系。教育过程受教育对象身心发展与个性特征的制约。同时，教育者在教育过程中又应当引导教育对象的身心朝着预期目标健康发展。

（2）全面发展教育各个组成部分间的关系。人的全面发展要求教育者在对教育对象进行教育的过程中正确处理德、智、体、美、劳各方面的关系，促进教育对象的全面发展。

（3）教育中教育者、教育对象以及影响教育活动的诸要素之间具有相互协调的关系。唯有各种教育要素之间相互协调，共同发挥作用，才能使得教育活动取得良好的教育效果。

2.教育的外部关系规律

教育的外部关系规律是指教育与社会发展关系规律。教育是现代社会的重要发展部分，是现代社会系统的一个子系统，教育的正常运行和发展必须与社会其他子系统的发展相适应。这里的适应包含两层意思：一方面，教育的发展受到现代社会其他子系统的制约；另一方面，教育的发展能够推动现代社会其他子系统的发展。

3.教育的内外部关系规律之间的关系

教育的内外部关系规律之间存在着一定的关系，突出表现为既相互区别，又相互联系；既相互作用，又相互制约。教育的内部关系规律和外部关系规律各自的性质、作用范围、作用方式，以及运行机制之间均存在较大区别。

（1）教育的内外部关系规律之间存在鲜明的区别：教育的外部关系规律揭示了教育的社会性规律，属于社会学范畴；教育的内部关系规律则揭示了教育的本体性规律，从属于实践论或认识论范畴。

（2）教育的内外部关系规律之间还存在一定的联系。主要表现在两个方面。

一方面，教育的内部关系规律受制于其外部关系规律。在教育过程中，如果仅仅关注教育内部关系规律，忽略了教育外部关系规律，则易导致教育的社会效益和经济效益无法达成。另一方面，教育的外部关系规律必须借助教育的内部关系规律才能实现。教育需要遵循其内在发展规律，如果忽视了教育的内在发展规律，仅仅着眼于教育的外部关系规律，则教育成果往往呈现出片面化或工具化的特点。

（二）教育内外部关系规律对高校本科专业设置的影响

教育内外部关系规律适用于任何阶段的教育，其中高校本科教育领域也不例外。高校本科专业设置应遵循教育内外部关系规律，一方面与社会经济发展相适应，另一方面与教育自身的内在规律相适应。

三、人力资本理论

人力资本思想萌芽于 18 世纪，经过数百年的发展，以及无数经济学家的丰富和完善，逐渐形成了较为完善的现代人力资本理论体系。以下主要对人力资本理论的概念与发展、特点和意义，以及其对本科专业设置的影响进行详细阐释。

（一）人力资本理论的概念与发展

1776 年，现代经济学创始人亚当·斯密（Adam Smith）在其著作《国民财富的性质和原因的研究》一书中指出，个人通过学习所获得的已成为个人能力一部分的知识和技能，也应视作社会财富的一部分，是社会固定资本的组成部分。[①] 亚当·斯密的这一思想被视为人力资本理论的萌芽。

所谓人力资本，是指凝聚在劳动者身上的知识、技能及其表现出来的能力。资本可以划分为人力资本和物力资本两种类型，两者具有一定的相似性，也具有一定的区别。

20 世纪中叶，随着经济和科技的发展，越来越多的经济学家开始重视人力资本的研究。例如，西方学者西奥多·W. 舒尔茨（Theodore W. Schultz）对人才资本进行了详细研究，并且出版了著作《论人力资本投资》。除了西奥多·W. 舒尔茨之外，爱德华·富尔顿·丹尼森（Edward F. Denison）、加里·S. 贝克尔（Gary S.Becker）等均为人力资本理论研究的代表学者。

第二次世界大战后，随着第三次科技革命的兴起，高等教育作为培养人才的重要途径，被世界各国重视，并逐渐从少数人可以享受的精英教育转向大众教育，教育公平成为各国高等教育发展的基石、依据以及目标。许多国家陆续颁布了促进教育机会均等的资助政策，而"人力资本投资"理念是人力资本理论在教育公平的基础之上形成的资助领域的反映。20 世纪 60 年代，西奥多·W. 舒尔茨和加里·S. 贝克尔分别出版了《人力资本投资》《人力资本》，明确教育作为一种人力资本投资，既强调个人效益，也强调

---

① 斯密.国民财富的性质和原因的研究：上卷 [M].北京：商务印书馆，2008：363-367.

外溢的社会效益，是比其他资本投资回报更高、更有价值的投资，同时对贫困学生的资助应成为国家投资的重要组成部分。[①]

1.西奥多·W.舒尔茨的人力资本理论

西奥多·W.舒尔茨是最早提出人力资本理论体系的学者之一，被誉为"人力资本之父"。舒尔茨指出，人力与物质一样，是一种资源，人力、人们的知识和技能是资本的一种形态，这种形态就称为人力资本。人力是有成本的，在推动社会进步、科技发展和生产发展中起着十分巨大的作用。[②]

1960年，西奥多·W.舒尔茨出版了《人力资本投资》一书；1963年，西奥多·W.舒尔茨出版了《教育的经济价值》一书，其中对教育的经济成分、教育费用和教育的经济价值等进行了全面而系统的论述。之后，西奥多·W.舒尔茨还出版了《人力资本投资：教育和研究的作用》等书籍。

西奥多·W.舒尔茨对人力资本理论的主要贡献在于：首次明确阐释了人力资本理论；推动人力资本理论成为经济学的一个新门类；对人力资本的形成方式和途径进行了揭示；对教育投资的收益和教育对经济增长的贡献进行了定量分析。

2.加里·S.贝克尔的人力资本理论

加里·S.贝克尔是继西奥多·W.舒尔茨之后对人力资本理论做出重大贡献的学者。1964年，加里·S.贝克尔出版了《人力资本》一书。在这本著作中，加里·S.贝克尔从家庭生产和个人资本分配的角度对人力资本和人力资本投资等问题进行了系统阐释，明确了人力资本的性质。这本书因此被称为现代人力资本理论最终确立的标志。

加里·S.贝克尔对人力资本理论的贡献主要在于其对人力资源的微观经济分析。加里·S.贝克尔从家庭生产行为的角度对人力资本理论进行了详细研究，其所提出的人力资本研究方法和研究成果具有开创性的特点，为人力资本理论的发展奠定了良好基础。

---

① 桂富强.我国高校贫困生发展性资助理念及管理体系研究[D].成都：西南交通大学，2009：27.

② 舒尔茨.人力资本投资：教育和研究的作用[M].蒋斌，张衡，译.北京：商务印书馆，1990：22.

（二）人力资本理论的特点和意义

人力资本以不同形式存在，具有不同的类型。主要的人力资本类型包括教育资本、技术资本、知识资本、健康资本、迁移资本和流动资本等。

1. 人力资本的特点

人力资本与物力资本相比，具有高效性、延效性、多效性、间接性、易流性等特点。人类资本主要特点分析如下。

（1）人力资本与人体密不可分。所谓人力资本，即指寄托于人的身体之上的资本。人力资本与人体之间存在着密不可分、不可剥离的关系。人力资本的这一特点决定了人力资本一般不能够如同物质资本一样被直接转让、买卖和继承。人力资本的这一特点还是人力资本其他特点的基础。

（2）人力资本的存在方式是无形的，须借助生产劳动体现出与物质资本的不同。物质资本是一种可以看得见、摸得着的资本，而人力资本是人在生产劳动中体现出来的价值，必须借助生产劳动才能体现出来。如果劳动者没有从事生产劳动，那么其潜在的人力资本就无法被其他人觉察，也无法发挥作用，这样的劳动者只具备人力资本潜力。

（3）人力资本具有时效性。人力资本存在于人体之中，人力资本的形成与效能的发挥同人的生命周期紧密相连，即个体的人力资本受到个体年龄的影响。此外，个体所拥有的人力资本通常相当有限。个体人力资本的形成并非与生俱来，而是随着个体体能的增长，以及知识、智力和技能的提高逐渐形成。此外，个体人力资本的高低还与个体的受教育状况、健康状况密切相关。而随着个体的衰老，个体的人力资本也逐渐减少直到消亡。

（4）人力资本具有收益性。资本具有收益性的特点，人力资本属于资本的一种类型，因此也具有较强的收益性。人力资本能够促进经济增长，其价值大于物质资本，属于高增值资本。人力资本经济价值的上升能够有效推动经济的发展，甚至带来制度变革。人力资本是一切资本中最为重要、宝贵、具有能力性的资本。

（5）人力资本具有潜在创造性。人力资本是经济资本中的核心资本，与物质资本相比，在推动经济发展方面发挥着更大的作用。人力资本还是一切资本中最为宝贵的资本。个体通过教育、学习、总结经验和教训等途径，可以提高人力资本效能，凸显人力资本的无限创造性和可能性。

（6）人力资本具有累积性。个体的人力资本并非生而有之，而是在多年的教育投资、逐步积累中逐渐形成的。人类资本的积累途径主要包括三个方面，即正规教育、在职培训、非在职培训。个体在形成一定的人力资本之后，可以通过继续教育的方式进一步增加人力资本积累，不断提高人力资本存量。

（7）人力资本投资具有多重性、风险性的特点。个体人力资本使用过程中，非但不会像物质资本一样产生损耗，反而会在实际工作经验中持续积累，并且通过再教育和培训不断增加。人力资本积累到一定程度后会呈现出饱和状态，之后人力资本逐渐下降，成为负积累。

（8）人力资本具有个体差异性。人力资本是以人的身体为依托，蕴藏于人体内的智能和体能，与人体之间存在不可剥离的关系。个体的人力资本之间存在差异性特点。基于不同年龄、成长环境、背景和历程所形成的个体价值观等不尽相同，那么个体人力资本的价值也不尽相同。

除以上所述特点之外，人力资本与物质资本相比还具有流动性差和抵押性差、折旧性差的特点。物质资本在使用过程中通常会出现折旧情况，物质资本的折旧情况通常与使用时间之间存在着必然关系。然而，人力资本则不同，人力资本可能会由于个体所掌握的知识逐渐折旧而有所贬值，然而与此同时，人力资本还能够从社会实践中获得经验，从而提高个体的人力资本价值。

2.人力资本理论的理论意义

人力资本理论的提出与发展具有十分重要的理论意义。人力资本理论是经济学领域的重要理论之一，人力资本理论的提出对经济学的发展具有十分重要的理论意义。

（1）人力资本理论彰显了人，尤其是具有专业知识和技术的高质量劳动者在社会生产中的决定作用。

（2）人力资本理论将消费纳入生产过程，为许多经济学问题提供了解决方案。

（3）人力资本理论推动了资本理论、增长理论和收入分配理论的发展和变革。

（4）人力资本理论作为一种分析工具，促进了许多领域研究的发展，以及新理论的形成。

3.人力资本理论的实践意义

除了理论意义之外，人力资本理论的提出与发展，还具有十分重要的实践意义。人力资本理论的实践意义主要表现在四个方面。

（1）人力资本理论提升了国家对人力资源的重视程度。人力资本理论促使许多国家和政府重新认识经济发展的要素，并且将人力资源开发纳入国家经济发展之中。此外，人力资本理论还促使国家和政府更加重视教育的公共支出，不断提升公共教育质量。人力资本理论促使国家在重视人口数量发展的同时，更加重视人口的质量，推动了世界各个国家社会保障和医疗保障的发展。

（2）人力资本理论为世界各国反贫困行动提供了新的参考。人力资本理论揭示了个体的受教育水平、知识技术水平、健康水平、能力和个体收入之间的关系，促使世界各国的政府认识到个体收入、知识和智力与经济发展之间存在密切关系，为世界各国经济发展战略方针的制定提供了参考依据。

（3）人力资本理论为社会经济决策的制定提供了重要参考依据。人力资本理论揭示了人力资本与物力资本之间相互依托、相辅相成的特点，明确了人力资本在促进社会经济发展中的重要作用，促使世界各国、各组织机构制定经济决策时充分考虑知识、技术、人才的作用，并把人力资本当作必要条件，为人力资本投资力度的加大、人力资源的开发、人力资源的合理配置奠定了重要基础。

（4）人力资本理论为知识经济时代的到来提供了应对方案。随着科学技术的快速发展，人类社会已进入知识经济时代，而人力资本理论揭示了人力资本投资在社会发展中的作用，为政府、社会组织、家庭和个人的人力资本投资形式、途径和时间的选择提供了理论支持。

（三）人力资本理论对本科专业设置的影响

人力资本理论的成熟与发展促使人们进一步正确认识教育的经济功能。本科院校作为我国高等教育的重要组成部分，属于人力资本的供给方，其人才培养质量是否优异直接关系着地方经济发展的情况。为了提升本科教育质量，应当不断提高本科专业结构与地方经济社会产业结构之间的协调性和适应性，提升高校与社会之间的良性互动，达到不断提升教育质量，满足社会人才发展需求的目的。

四、教育与生产劳动相结合理论

教育与生产劳动相结合理论最早是文艺复兴时期英国人文主义教育家托马斯·莫尔（Thomas More）在其《乌托邦》中提出的儿童边学习边参加农业生产劳动的设想。英国经济学家约翰·贝勒斯（John Bellers）在《关于创办一所一切有用的手工业和农业的劳动学院的建议》中，首次明确提出教育与体力劳动相结合的主张，具有明显的与小生产结合的性质。英国空想社会主义者罗伯特·欧文（Robert Owen）从科学技术进步对劳动者素质的要求出发，提出和阐述教育与生产劳动相结合的思想，并进行初步实验，但仍带有空想性质。

马克思和恩格斯对空想社会主义者的有关思想进行了批判继承，根据辩证唯物主义和历史唯物主义原理，剖析了现代教育与现代社会的关系，指出教育与生产劳动相结合是现代社会和现代教育发展的普遍规律，从而使得教育与生产劳动的结合具备了物质理论基础，使其从空想变为现实。

马克思主义指出，教育与社会生产劳动的结合是现代社会的产物，其根植于大工业本性。大工业与传统个体手工业作坊所需要的人才不同，需要全面发展的人。而在资本主义社会条件下，劳动者无法完全脱离生产劳动而接受教育，通常边在工厂劳动的同时，边到学校学习文化知识。除此之外，马克思主义指出教育与生产劳动相结合是综合技术教育及科学教育的实践基础。

除了马克思和恩格斯对教育与社会生产劳动的结合进行了论述之外，中国特色社会主义发展过程中，其他马克思主义经典作家对教育与社会生产劳动的结合进行了进一步阐释。

从本科专业设置来看，本科院校所培养的人才应与国家或某个区域内经济社会发展的目标定位相适应。因此，对于本科院校而言，其专业建设的过程，应当且必须强调教育与生产劳动相结合，这对本科院校的师资建设、教学内容、教学方式均提出了一定的要求。

第二章　我国普通本科院校专业设置变迁的历史轨迹

第一节　改革开放前我国普通本科院校专业设置变迁研究

中华人民共和国成立以来，我国普通本科院校专业设置经历了多次变迁，本节主要对改革开放前我国普通本科院校专业设置的变迁进行详细研究。

一、中华人民共和国成立初期普通本科院校专业设置研究

专业教育是高等教育发展的基本属性之一，是高等教育与社会连接的重要纽带之一。中华人民共和国成立初期，面临着改革原有的教育理念、树立新的教育理念、重新设置与调整高校专业的历史任务。

1949 年，中华人民共和国成立后百废待兴，接着经过三年的国民经济恢复与发展，1952 年，我国提出过渡时期的总路线，并确定了逐步实现国家社会主义工业化的战略目标。围绕这一社会发展目标，我国自 1952 年下半年开始对高等教育政策和方针进行了一系列调整，建立了统一教学计划，并对全国范围内的院校专业设置进行了调整。据有关资料显示，至 1952 年底，全国高等学校已有 3/4 进行了第一次院系调整和专业设置工作。我国高等教育开始以苏联大学模式作为样本，按照专业有计划地培养人才。我国高校取消了院一级设置，调整了科系，根据国家对建设人才的需要，结合各校资源的具体情况普遍设置专业。从 1952 年高校开始设置专业至 1953 年初，我国普通高校的专业共计 215 种，涉及工科、农科、林科、医药、师范、文科、理科、财经、政法、体育、艺术 11 个专业门类。其中，工科占比最多，约 107 种（表 2-1）。

表2-1 1952—1953年高校专业设置占比一览表

专业	工科	农科	林科	医药	师范	文科
占比	49.8%	7.5%	2.3%	1.9%	9.8%	8.8%
专业	理科	财经	政法	体育	艺术	
占比	7.4%	6.0%	0.9%	0.5%	5.1%	

1954年11月，我国高等教育部在1952—1953年全国高等院校院系调整和专业设置改革的基础上发布了《高等学校专业目录分类设置（草案）》。共划分出11个行业部门，即工科、文科、理科、农科、林科、医科、师范、财经、政法、体育、艺术，设置了257个专业，其中包含142个工科专业、25个文科专业、21个理科专业、13个农科专业、3个林科专业、5个医科专业、16个师范专业、16个财经专业、2个政法专业、1个体育专业、13个艺术专业（表2-2）。

表2-2 1954年《高等学校专业目录分类设置（草案）》中专业设置分析一览表

专业门类	行业部门	专业数量	专业数量占比
工科	工业部门	106	55.2%
	建筑部门	20	
	运输部门	16	
文科	教育部门	25	9.7%
理科		21	8.2%
师范		16	6.2%
财经	财政经济部门	16	6.2%
农科	农业部门	13	5.1%
艺术	艺术部门	13	5.1%
医科	保健部门	5	1.9%
林科	林业部门	3	1.2%
政法	法律部门	2	0.8%
体育	体育部门	1	0.4%
总数		257	100%

这一时期，我国高等教育的主体为本专科教育，其中本科教育所占比重较大，所以在一定意义上可以将其专业目录设置视为本科专业目录设置。

从表 2-2 中可以看出，除了工科占比最大，达 55.2% 之外，文科和理科所占比例也相对较大，均在 8% 以上，而医科、林科、政法和体育的占比则相对较小。

1955 年，在 1954 年《高等学校专业目录分类设置（草案）》的基础上，我国原高等教育部制定了《1955—1957 年高等工业学校院系、专业调整、新建学校及迁校方案（草案）》，即我国进行了第二次院系调整。在此次院系调整中，进一步强调了工科的地位，工科专业数量进一步增多，达到 183 种。

1958 年，我国高等学校的专业总数已增加至 654 种。专业数量的激增，一方面源于社会相关领域对某类专门人才的需求，另一方面源于教育主管部门对高校的要求。

从总体上来看，20 世纪 50 年代我国高等教育院系调整符合中华人民共和国成立初期社会实际生产情况，呈现出以下几个方面的特点。

（1）以国家建设需要作为高校专业设置的主要和根本依据。

（2）国家建设部门以产品和职业作为依据对高校专业进行设置，仅有少数专业以学科作为划分依据。

（3）1954 年的高等学校专业目录设置调整使得我国本科专业从以培养学术型人才为主的"通才教育"模式，转变为了培养专业型人才的"专才教育"模式。

（4）1954 年的高等学校专业目录设置主要借鉴了其他国家的经验。

二、1963 年普通本科院校专业设置研究

20 世纪 50 年代后期至 20 世纪 60 年代，受我国政治、经济环境的影响，我国高等院校的专业设置有了进一步调整。

1961 年，我国有关部门发布了《教育部直属高等学校暂行工作条例（草案）》，其中针对专业设置进行了明确规定："高等学校的专业设置，应根据国家的需要、科学的发展和学校的可能条件来决定。专业设置不宜过多，划分不宜过窄。每个学校应该努力办好若干重点专业。专业的设置、变更和取消，必须经过教育部批准。"[①]

---

① 纪宝成.中国大学学科专业设置研究 [M].北京：中国人民大学出版社，2006：23.

1963 年，经国务院批准，我国教育有关部门正式发布了《高等学校通用专业目录》（下文统称《高等学校通用专业目录（1963）》）和《高等学校绝密和机密专业目录》。其中，本科院校的目录是根据我国社会主义建设的需要和自然科学、社会科学各学科发展的状况，以 1957 年的专业目录作为基础，并充分参考 1958 年之后高校本科专业设置的经验而制定的。

《高等学校通用专业目录（1963）》所涉及的高校包括本科、专科、研究生等多个层次，但其在一定程度上也可以被视为本科专业目录。《高等学校通用专业目录（1963）》与 1957 年我国高校的专业目标相比，调整和修改之处，主要表现在以下几个方面。

（1）新增专业与国家建设息息相关。与 1957 年全国高等学校所设立的专业相比，此次专业调整主要反映在工科、农科和理科等行业。其中，工科新增了数十种为国防建设服务的绝密和机密专业。此外，为了适应我国农业技术改革的需要，农科也增加了许多专业。

（2）遵循"宽窄并存，以宽为主"的原则。针对 20 世纪 50 年代后期，部分高校专业范围过窄的现象，《高等学校通用专业目录（1963）》适当放宽了一些专业的业务范围，对一些业务范围过窄的专业进行了归并和调整，同时对工科部分、理科部分的个别专业进行了特别说明，指出高校可根据学校的实际情况，对个别专业进行分类。例如，理科天文学中的天体物理既可设立在天文学专业内，也可设立在物理学专业内。此外，工科部分既设置了一些通用的基本专业，如机械制造工艺及设备，又设置了一些范围较窄的专用机械专业，如冶金机械等。

一般而言，教育部直属或省市地方政府教育部门主管的高校，多设置范围较宽的专业，而中央业务部门主管的学校，则可设置一些范围较窄的专业。

（3）对专业名称进行了统一和必要的订正，以使专业名称更加适应社会发展，准确概括该专业所学知识。《高等学校通用专业目录（1963）》中共列出了 432 种专业，其中包括试办专业，而《高等学校绝密和机密专业目录》中则列出了 78 种专业。两个文件中所列的专业总数量为 510 种。

如果将 1954 年《高等学校专业目录分类设置（草案）》与《高等学校通用专业目录（1963）》中所涉及的专业类数量、专业数量、专业所占比例进行对比，即可看出其中的变化（表 2-3）。

表2-3　1954年与1963年高校专业目录设置数据对比分析表

名称	专业类数量		专业数量		专业所占比例	
	1954年	1963年	1954年	1963年	1954年	1963年
工科	22	14	142	207	55.2%	36.3%
文科	2	0	25	53	9.7%	14.2%
理科	1	0	21	42	8.2%	10.0%
医药	2	0	5	10	1.9%	8.1%
农科	4	0	13	33	5.1%	7.8%
政法	1	0	2	2	0.8%	2.3%
财经	1	0	16	10	6.2%	6.8%
艺术	4	6	13	36	5.1%	7.1%
林科	1	0	3	14	1.2%	2.8%
体育	1	0	1	8	0.4%	1.3%
师范	1	0	16	17	6.2%	3.1%
总数	40	14	257	432	100%	100%

注：本表根据1954年《高等学校专业目录分类设置（草案）》与《高等学校通用专业目录（1963）》绘制，其中1963年的工科专业统计中不含军工专业类数量，但包含51种军工专业。

从表2-3中可以看出，1963年工科在本科院校专业设置中所占的比例较1954年相对降低，其他大部分专业所占比例相对增加。从总体上来看，《高等学校通用专业目录（1963）》是中华人民共和国成立后，第一次由国家统一制定的高等学校专业目录，该目录的实施适应了当时社会、经济、科技、文化发展的需要，培养了大批国家急需的"专业对口"高级专门人才。1963年高校本科专业设置呈现出以下主要特点。

（1）此次本科院校的目录设置开始从借鉴其他国家的经验，朝着自主探索的道路前进。

（2）突出高校本科专业设置中的全能主义模式，突出体现了国家对高校专业设置的规划性。

（3）在一定程度上保持着培养专业型人才的教育模式，然而从总体上来看，社会行业和部门对普通本科院校专业分类的影响开始缓解，社会行业和部门不再是高校专业设置的绝对标准。普通本科院校专业设置的标准逐渐转变为"社会需要主导、学术辅导"。例如,《高等学校通用专业目录（1963）》中将 1954 年《高等学校专业目录分类设置（草案）》中的"工业部门""建筑部门""运输部门"合并称为"工科";将 1954 年《高等学校专业目录分类设置（草案）》中的农业部门称为"农科"、林业部门改称"林科"、"财政经济部门"改称"财经"、"保健部门"改称"卫生"、"体育部门"改称"体育"、"法律部门"改称"政法"、"教育部门"改称"师范"、"音乐艺术部门"改称"艺术"。此外,《高等学校通用专业目录（1963）》中专业分类的学科性和学术性开始增强。

（4）《高等学校通用专业目录（1963）》中的目录形式较 1954 年《高等学校专业目录分类设置（草案）》中的专业目录发生了较大变化,设置了 6 位数的专业编号,并出现了"备注"栏,体现出了专业设置"宽窄并存,以宽为主"的原则。

1966—1976 年间,我国高等教育的发展一度停滞,普通本科院校专业设置也受到相应影响,直到改革开放后才逐渐恢复。

第二节　20 世纪八九十年代我国普通本科院校专业设置变迁研究

改革开放后,我国高等教育全面恢复并进入快速发展时期。这一时期为了适应我国经济建设、社会发展和科技进步的需求,我国高等院校进行了一系列专业设置改革。本节主要对 20 世纪八九十年代我国普通本科院校专业设置的变迁进行研究。

一、20 世纪 80 年代我国普通本科院校专业设置研究

改革开放后,为了适应经济发展,为社会输送专门人才,我国教育部门出台了一系列新政策。1978 年,原教育部发布了《全国重点高等学校暂行工作条例》（试行草案）,原教育部、原国家计委联合发布了《关于进行

高等学校专业调查和调整工作的通知》，对包括本科院校在内的高等学校专业设置进行了改革。1985 年，我国原教育部出台了《中共中央关于教育体制改革的决定》，其中指出"高等教育的结构，要根据经济建设、社会发展和科技进步的需要进行调整和改革"。

（一）20 世纪 80 年代普通本科院校目录文件

自 1978 年至 1988 年，我国教育部有关部门对普通高等学校本科专业目录进行了全面修订，陆续发布了《普通高等学校农科、林科本科专业目录》（1986 年 7 月）、《全国普通高等学校医药本科专业目录》（1987 年 8 月）、《普通高等学校理科本科基本专业目录》（1987 年 11 月）、《普通高等学校社会科学本科专业目录》（1987 年 12 月）、《普通高等师范教学本科专业目录》（1988 年 4 月）、《全国普通高等学校体育本科专业目录》（1988 年 11 月）等 7 个分专业门类本科专业目录。

经过一系列的调整后，我国本科专业目录划分为八个门类，即工科、农科、林科、医药、理科、社会科学、师范、体育，细分为 77 个专业类别和 702 种专业，与 1963 年发布的《高等学校通用专业目录》相比，从 12 个门类减少至 8 个，减少了 4 个门类，专业类别的划分更加细致，具体的专业增加了 248 种。

（二）20 世纪 80 年代普通本科院校目录修订的原则

20 世纪 80 年代我国本科院校的专业目录修订不仅规范了专业名称，加强了新兴、交叉和边缘学科的专业建设，还通过本科院校不同门类专业目录的修订工作实践，逐步明确了高校本科专业划分与设置的基本原则。

本科目录修订应坚持科学性原则、适应性原则、预见性原则、层次性原则、规范性原则（表 2-4）。

表2-4 本科目录修订原则一览表

序号	原则	内容
1	科学性原则	（1）要严格区分不同的专业，每个专业必须有明显不同于其他专业的主干课程体系，若没有独特的课程体系，就不能成立为一个独立的专业 （2）专业名称必须科学，尽可能准确地概括其专业面，明确反映出专业方向和业务范围 （3）既要杜绝重复设置专业，又要尽可能专业配套，在现有条件下形成较为完整的经济、管理类专业体系
2	适应性原则	（1）专业设置要适应现代化建设的需要，基本保证各类经济、管理人才需求得到满足 （2）专业划分要努力做到宽窄适当，便于毕业生就业和今后可能发生的工作领域转移 （3）课程体系要拓宽知识面，有助于学生建立适应实际工作需要的知识结构 （4）专业目录应能适应不同类型高等院校（综合性大学、多科性或单科性财经院校）发展的需要
3	预见性原则	充分估计今后一段时期内，社会经济发展和经济管理职能的转移变化对高等经济、管理教育提出的需要；根据可能，适当增加一些新兴学科、边缘学科方面的专业
4	层次性原则	把本科专业与研究生专业、大专专业、中专专业区别开来，防止不宜在本科生阶段开设的研究生专业或大、中专专业降格或升格为本科生专业
5	规范性原则	实行专业名称、学制、培养目标、专业要求、专业主干课程五统一，确保各个专业的基本规格，便于国家主管部门进行必要的宏观管理

从表2-4可以看出，20世纪80年代我国教育部门和教育研究人士在进行本科专业改革时，考虑得较为全面、科学和长远。

（三）20世纪80年代普通本科院校目录的特点

将20世纪80年代修订的普通本科院校专业目录与1963年版的专业目录相对比，可以看出，此次专业目录的修订呈现出以下鲜明特点。

1. 更加强调专业设置基本框架的规范性

1963年版专业目录的结构层次可以划分为四级，即门类、专业类、专业、专门组。其中，有的专业目录为两级目录，如工科目录，而有的专业目录则为三级或四级目录，如理科部分。同一目录中存在多种不同的分级结构。

20 世纪 80 年代的专业目录虽然由不同部门参与修订而成，然而从目录的基本结构来看，其统一划分为门类、专业类、专业三个层次，较 1963 年版的专业目录结构更加规范。

2. 更加强调学科的基础作用

1954 年和 1963 年版高等学校专业设置的主要依据为国家建设和社会发展的基本需要。其中，1954 年版的高等学校专业设置基本依据为行业或部门。对 1963 年版的高等学校专业目录进行修订时，充分考虑了学科发展状况，防止专业过宽或过窄。

20 世纪 80 年代普通本科院校目录设置则更加强调学科的基础作用，专业划分以学科为主，并且根据学科的性质适当兼顾业务部门的需要。此外，针对工科、农林科等与实际生产联系较为密切的学科，在进行专业设置时往往坚持两类标准。

一类是 20 世纪 50 年代以来的按照业务或工程范围设置专业目录。例如，1984 年发布的《高等学校工科本科专业目录》中，矿业类下划分了采矿工程、露天开采、矿井建设、矿山测量、采油工程、钻井工程、选矿工程、矿山通风与安全等专业。这些专业划分即充分考虑了矿业的实际工种。

另一类则是按技术的学科进行划分。例如，1984 年 6 月发布的《高等学校工科本科专业目录》中地质类下设的地质矿产勘查、石油地质勘查、煤田地质勘查、水文地质与工程地质、地球化学与勘查、勘查地球物理、矿场地球物理、探矿工程等即属于按照技术的学科进行划分的专业。

纵观 20 世纪 80 年代普通本科院校目录设置的标准，其体现出了兼顾社会建设实际需求与学科发展方向的特点，开始凸显高等学校的学术性特征。

3. 更加强调学科的发展趋势

20 世纪 80 年代我国普通本科院校目录设置与 20 世纪五六十年代相比，更加强调学科的发展趋势，并借鉴了国外的学科专业设置。

例如，与 1963 年版的高等学校工科目录相比，1984 年 6 月发布的《高等学校工科本科专业目录》对原有的工科目录进行了较大幅度的撤并和调整。1963 年版的高等学校工科目录中包含 142 个专业，而 1984 年 6 月发布的《高等学校工科本科专业目录》中包含 21 类 172 个专业，从总量上来看似乎增加的内容不多。然而，1984 年 6 月发布的《高等学校工科本科专业目录》中仅保留了 1963 年版高等学校工科目录中的 30 种专业，其他专业均进行了合并和调整。除此之外，其根据学科发展的需要新开设了大量专业。

例如，1984 年 6 月发布的《高等学校工科本科专业目录》中除了通用专业之外，还增加了包括矿山工程物理、油藏工程、材料科学、复合材料、机械制造工程、工业造型设计等在内的 32 种试办专业。

此外，20 世纪 80 年代发布的普通本科院校专业较 1963 年版的高等学校专业结构发生了较大变化。

4. 增加了专业划分和专业设置的层次

20 世纪 80 年代，普通本科专业目录修订过程中较为注重专业划分与设置层次问题。以 20 世纪 80 年代工科本科专业目录修订为例，"工科专业的划分应当体现分层次、分类型培养目标的不同要求，只适宜在研究生或专科生阶段培养的专业，不列入本目录"[①]。除了工科本科专业目录外，社会科学专业目录修订过程中也出现了类似的情况，甚至在社会科学专业目录的制定过程中"专业目录应该体现不同教育层次和不同教育类型的要求。普通高等学校本科专业目录应该有别于研究生或专科生阶段的专业目录，也要有别于非普通高等学校的专业目录"[②]。从以上所述可以看出，20 世纪 80 年代《中华人民共和国学位条例》的实施、《高等学校和科研机构授予博士、硕士学位的学科、专业目录（试行草案）》的颁布、研究生专业目录框架的基本确立，一定程度上对本科专业目录设置的层次产生了较大影响。

综上所述，20 世纪 80 年代普通本科专业目录修订适应了我国社会的历史发展，对推动我国普通本科专业目录的规范化和科学化起着重要作用。

二、20 世纪 90 年代我国普通本科院校专业设置研究

进入 20 世纪 90 年代后，由于改革开放的持续深化，为了适应社会经济发展的需要，加快培养能够适应社会新的发展形势的高等专业人才，同时为了跟上世界科学发展的潮流、填补国内某些学科专业领域的空白，要解决专业划分过细、专业范围过窄等遗留问题。1993 年 7 月，原国家教委公布了新修订的《普通高等学校本科专业目录》。

---

① 何东昌.中华人民共和国重要教育文献[M].海口：海南出版社，1998：220.

② 何东昌.中华人民共和国重要教育文献[M].海口：海南出版社，1998：220.

（一）1993年版《普通高等学校本科专业目录》

1993年版的《普通高等学校本科专业目录》分设哲学、经济学、法学、教育学、文学、历史学、理学、工学、农学、医学十大门类，下设二级类71个，504种专业，其具体专业设置见表2-5。

表2-5 1993年版《普通高等学校本科专业目录》中专业数量统计一览表

序号	一级学科名称	二级学科数量	专业数量
1	哲学	2	9
2	经济学	2	31
3	法学	4	19
4	教育学	3	13
5	文学	4	106
6	历史学	2	13
7	理学	16	55
8	工学	22	181
9	农学	7	40
10	医学	9	37
总量	10	71	504

1993年版的《普通高等学校本科专业目录》呈现出以下鲜明特点。

1. 正式将本科目录纳为我国高等教育体系改革的重要组成部分

20世纪90年代，我国国务院学位委员会公布了《授予博士、硕士学位和培养研究生的学科、专业目录》等文件，这些文件的发布进一步规范了我国高等教育层次，有利于推动我国高等教育体系改革。1993年版《普通高等学校本科专业目录》出台于这两个文件之后，接受了《中华人民共和国学位条例》中的学科门类划分方法，使得普通高校本科专业目录与《中华人民共和国学位条例》和研究生学科专业目录之间的联系更加紧密，从专业设置的角度确保了高等教育中本科教育、研究生教育之间，以及专业教育与学位授予之间的统一。可以说，1993年版的《普通高等学校本科专业目录》将本科目录纳入我国高等教育学位授予体系，使其成为我国高等教育体系改革的重要组成部分，在一定程度上推动了我国高等教育的发展。

2. 强调跨学科专业目录，培养复合型人才

1993年版的《普通高等学校本科专业目录》中列出了数十种跨学科专业（表2-6）。

表2-6　1993年版《普通高等学校本科专业目录》中部分跨学科专业一览表

专业门类	跨学科专业	专业门类	跨学科专业
经济学	国际企业管理 （注：可授经济学或工学学士学位）	农学	野生植物资源开发与利用 （注：可授农学或理学学士学位）
	房地产经营管理 （注：可授经济学或工学学士学位）		海洋渔业 （注：可授农学或工学学士学位）
法学	社会学类 （注：可授法学或哲学学士学位）		农业经济管理 （注：可授农学或经济学学士学位）
	政治学类 （注：可授法学或哲学学士学位）		林业经济管理 （注：可授农学或经济学学士学位）
	武警指挥 （注：可授法学或军事学学士学位）		渔业经济管理 （注：可授农学或经济学学士学位）
教育学	教育技术学 （注：可授教育学或理学学士学位）		渔业资源与渔政管理 （注：可授农学或理学学士学位）
	思想政治教育 （注：可授教育学或法学学士学位）		林业信息管理 （注：可授农学或工学学士学位）
	体育管理 （注：可授教育学或理学学士学位）	医学	基础医学 （注：可授医学或理学学士学位）
	体育生物科学 （注：可授教育学或理学学士学位）		卫生检验 （注：可授医学或理学学士学位）
	体育保健康复 （注：可授教育学或理学学士学位）		医学检验 （注：可授医学或理学学士学位）
文学	乐器修造艺术 （注：可授文学或工学学士学位）		护理学 （注：可授医学或理学学士学位）
	影像工程 （注：可授文学或工学学士学位）		药学类 （注：可授医学或理学学士学位）

专业门类	跨学科专业	专业门类	跨学科专业
历史学	图书信息档案学类 （注：可授历史学、文学或理学学士学位）	工学	环境规划与管理 （注：可授工学或理学学士学位）
理学	材料物理 （注：可授理学或工学学士学位）		土地规划与利用 （注：可授工学或经济学学士学位）
	管理科学 （注：可授理学或工学学士学位）		痕迹检验 （注：可授工学或理学学士学位）
工学	工业设计 （注：可授工学或文学学士学位）		文件鉴定 （注：可授工学或理学学士学位）
	计算机及应用 （注：可授工学或理学学士学位）		法化学 （注：可授工学或理学学士学位）
	计算机软件 （注：可授工学或理学学士学位）		公共安全图像技术 （注：可授工学或理学学士学位）
	计算机科学教育 （注：可授工学或理学学士学位）		技术经济 （注：可授工学或经济学学士学位）

3.统一修订、颁布和执行各大领域专业目录

20世纪80年代普通本科专业目录修订过程中，各个领域的专业目录采用了分时期修订的方式，所花费的修订时间较长，参与人数多，且目录结构形式复杂，充分考虑了不同学科领域内部的逻辑性和学科延续性，从而使得本科专业目录具有更强的针对性，能够更有效地满足社会的需求。然而，由于各个领域的本科专业目录采用分期修订的方法，本科各学科目录之间呈现出较强的独立性和分散性，各领域目录之间的包容性和衔接性不强。

1993年版的《普通高等学校本科专业目录》在调整之初，就确立了制定一个体系完整、统一规范、比较科学合理的本科专业目录设想，以便解决本科专业门类与学位授予门类不相一致等问题。因此，1993年版的《普通高等学校本科专业目录》与20世纪80年代普通本科目录相比，更加完整统一，具体体现在以下几个方面。

（1）普通本科目录正式以"学科门类"命名，目录命名更加规范，设置了"学科门类""二级类""专业"三个级别层次。

（2）在统一目录下设置并标注了跨学科门类的专业。

（3）各学科专业设置更加科学，专业总数量较20世纪80年代版普通本科目录的总数量有所精减。

（二）1998年版《普通高等学校本科专业目录》

1993年发布的《普通高等学校本科专业目录》较20世纪80年代发布的普通本科专业目录更加规范。改革开放以来经济快速发展，为了适应社会发展对人才的需要，1997年4月我国教育部下达了《关于进行普通高等学校本科专业目录修订工作的通知》，根据该通知要求，我国教育部有关部门重新修订了普通本科专业目录，并于1998年7月颁布实施新修订的普通本科专业目录。1998年版《普通高等学校本科专业目录》属于1949年以来我国第四次普通本科专业目录修订，此次普通本科专业目录修订的动作较大，调整后的普通本科专业目录具有少、宽、柔的特点，较大程度地减少了专业种数、拓宽了专业基础，并且呈现出柔性设计专业方向的特点。

与1993年版的《普通高等学校本科专业目录》相比，1998年版《普通高等学校本科专业目录》呈现出以下鲜明特点。

1.专业数量和门类有了较大调整

本目录的学科门类与国务院学位委员会、原国家教委1997年联合颁布的《授予博士、硕士学位和培养研究生的学科、专业目录》的学科门类相一致。其分设哲学、经济学、法学、教育学、文学、历史学、理学、工学、农学、医学、管理学十一个学科门类（无军事学），较1993年版《普通高等学校本科专业目录》新增加了管理学学科，接着下设71个二级类目录，249种专业。其中，哲学门类下设二级类1个，3种专业；经济学门类下设二级类1个，4种专业；法学门类下设二级类5个，12种专业；教育学门类下设二级类2个，9种专业；文学门类下设二级类4个，66种专业；历史学门类下设二级类1个，5种专业；理学门类下设二级类16个，30种专业；工学门类下设二级类21个，70种专业；农学门类下设二级类7个，16种专业；医学门类下设二级类8个,16种专业；管理学门类下设二级类5个，18种专业（表2-7）。

表2-7　1993年和1998年版本专业数量对比一览表

版本	专业门类数量	一级目录	二级目录
1993 年版本	10	71	504
1998 年版本	11	71	249

1998 年版的《普通高等学校本科专业目录》与 1993 年版的《普通高等学校本科专业目录》相比，新增加了管理学学科，二级目录的数量保持不变，专业目录的数量减少了约 50.6%。

与 1993 年版本的《普通高等学校本科专业目录》相比，1998 年版的《普通高等学校本科专业目录》中的学科门类和专业划分更加科学与合理，也更加符合社会发展需要。例如，管理学学科的设定，既与重新颁布的研究生专业目录保持一致，也符合社会对人才的需要，且符合学科发展的长远趋势。

2. 突出了学科在专业划分中的影响

改革开放后，我国普通本科专业目录修订打破了按行业划分专业的规则，越来越重视学科在专业划分中的作用和影响。20 世纪 90 年代，由于现代科技和社会发展改革的需要，普通本科院校培养出来的人才只有符合社会市场需要才能良好就业。按照现有行业划分专业的做法无法满足社会对人才的需要，因此普通本科专业目录在修订过程中进一步突出了学科特点，分类以学科性质为主，并且适当兼顾了业务部门的需要。

1997 年原国家教委颁布的《关于进行普通高等学校本科专业目录修订工作的通知》中明确提出"专业主要应按学科划分"，同时针对一些特殊专业，要求"应用科学也可按工程对象、业务对象划分，但必须有明确的主干学科或主要学科基础"。从这一要求中可以看出，1998 年版的《普通高等学校本科专业目录》较 1993 年版的《普通高等学校本科专业目录》更加突出学科在专业划分中的作用和影响。

3. 专业数量大比例减少，专业口径进一步拓宽

1949 年至 1998 年，我国普通本科专业目录的设定呈现出专业数量大幅增加至专业数量大比例减少的曲线性特点，这与我国不同时期普通本科专业目录修订的依据和原则之间有着极其重要的联系。20 世纪五六十年代，我国高等院校的专业设置以培养"具有高级文化水平、掌握现代科学和技

术成就，全心全意为人民服务的高级建设人才"为基本原则，以国家建设需要为主要出发点，而非从学科和教育层面考虑。根据这一原则，我国本科专业数量在一段时间内出现了激增的现象。

改革开放后，我国普通本科专业设置原则进行了调整，我国本科专业设置中开始逐渐减少专业数量，拓宽专业口径。1993 年版的《普通高等学校本科专业目录》较 20 世纪 80 年代制定和颁布的本科专业目录这一特点体现得更为明显。1998 年版的《普通高等学校本科专业目录》中专业数量更少，但专业口径却进一步拓宽。以工科专业为例。工科专业作为本科专业设置中的重点专业，自 20 世纪 50 年代以来即颇受重视。改革开放后，由于我国经济的发展，以及本科专业设置的要求，我国普通本科专业设置的数量进一步减少。1998 年版的《普通高等学校本科专业目录》中工科专业从 1993 年版的 181 种减少至 70 种，在普通本科专业目录中所占的比例大幅度减少。

综上所述，1998 年版的《普通高等学校本科专业目录》更加适应 21 世纪复合型、创新型、开放型高级专门人才的培养，为未来普通本科院校的人才培养指明了方向。

第三节　21 世纪我国普通本科院校专业设置变迁研究

进入 21 世纪后，科学技术和社会经济快速发展，我国普通高等学校专业设置和管理的基本需求也发生了较大变化，对我国普通本科院校的专业设置提出了新的要求，推动我国普通本科院校的专业设置进入了新的阶段。

一、2012 年普通本科院校专业设置的修订

1999 年，高等教育扩招，以及《中华人民共和国高等教育法》的出台，标志着我国高等教育的改革和发展进入了一个全新的时代。为了适应 21 世纪社会经济和知识发展的需要，我国教育部等有关部门出台了一系列政策，其中包括 2001 年颁布的《关于做好普通高等学校本科学科专业结构调整工作的若干原则意见》，其中明确指出要加强对高校本科专业结构的改革与调

整。2003 年，教育部发布了《教育部关于启动高等学校教学质量与教学改革工程精品课程建设工作的通知》，其中明确提出高校本科专业结构需进行调整与改革，目的在于进一步推动高等教育创新，深化我国高等教育改革。2007 年教育部办公厅颁布了《教育部办公厅关于进一步加强和改进高等学校本科专业备案和审批管理工作的通知》等，这些文件均对高等院校本科专业设置提出了新的要求。我国部分高校开始进行自主专业设置，并开始进行自主招生。

进入 21 世纪第一个十年后，我国经济结构逐渐从劳动密集型朝着技术密集型转变，我国本科专业设置改革进入了新的时期。2012 年，我国教育部颁布了《普通高等学校本科专业设置管理规定》和《普通高等学校本科专业目录》。

2012 年版的《普通高等学校本科专业目录》与 1998 年版的《普通高等学校本科专业目录》相比，在原来 11 个学科的基础上，增加了艺术学科，将艺术专业从文学专业中分离了出来；专业类别由原来的 73 个增加至 92 个。此外，根据社会经济和科技的发展，以及社会人才劳动市场的需求，对原有的一些专业进行了删除或合并。

二、2012 年版《普通高等学校本科专业目录》的特点

2012 年版《普通高等学校本科专业目录》的修订特点主要体现在以下几个方面。

（一）专业划分的科学性持续增加

自 20 世纪 80 年代以来，我国本科专业划分的依据由职业行业转向了学科方向，尤其是进入 20 世纪 90 年代后，这一变化更加明显。2012 年版的《普通高等学校本科专业目录》仍然延续并突出了以上趋势，体现出了以学科为依据的鲜明倾向。

例如，1998 年版《普通高等学校本科专业目录》中的音乐、舞蹈、戏剧等艺术类专业统一下设在"文学"学科的"艺术类"中，而在 2012 年版的《普通高等学校本科专业目录》中则单独设置艺术学，反映出了以学科为专业划分依据的特点（表 2-8）。

表2-8　2012年版的《普通高等学校本科专业目录》专业设置一览表

一级	二级	三级
哲学门类	1	4
经济学门类	4	17
法学	6	32
教育学	2	16
文学	3	76
历史学	1	6
理学	12	36
工学	31	169
农学	7	27
医学	11	44
管理学	9	46
艺术学	5	33
合计	92	506

（二）专业种类和数量变化较大

2012年我国教育部颁布《普通高等学校本科专业设置管理规定》和《普通高等学校本科专业目录》时，还同时颁布了《普通高等学校本科专业目录新旧专业对照表》。从《普通高等学校本科专业目录新旧专业对照表》中可以看出，2012年版《普通高等学校本科专业目录》与1998年版《普通高等学校本科专业目录》中的本科专业有较大区别。

1.2012年版《普通高等学校本科专业目录》中的二级专业和细分专业类型更加多样化

2012年版的《普通高等学校本科专业目录》较1998年版的《普通高等学校本科专业目录》新增加了19个二级专业类别。

以经济学为例。1998年版《普通高等学校本科专业目录》中的经济学学科下只设立了"经济学类"一个二级目录，而2012年版《普通高等学校本科专业目录》中的经济学学科下设了经济学类、财经学类、金融学类、经济与贸易类4个二级目录（表2-9）。

表2-9 1998年版和2012年版《普通高等学校本科专业目录》对比

类别	1998 年版本	2012 年版本
一级目录	11 个	12 个
二级目录	73 个	92 个
三级目录	249 种	506 种

从上表中可以看出，2012 年版《普通高等学校本科专业目录》中的一、二、三级专业的数量均较 1998 年版《普通高等学校本科专业目录》有所增加，且根据社会经济市场的需要对一些目录进行了调整，对具体专业进行了细分。从整体上来看，2012 年版《普通高等学校本科专业目录》较 1998 年版《普通高等学校本科专业目录》专业划分更加合理，更加适合现代社会的需要。

2.2012 年版《普通高等学校本科专业目录》中的部分专业得以合并或撤销

为了适应社会经济发展和产业结构的需要，2012 年版《普通高等学校本科专业目录》对本科专业目录进行了较大调整。以理学学科为例。理学学科下设的二级专业目录较多，专业种类也相对较多。

例如，1998 年版的《普通高等学校本科专业目录》中理科下设的二级学科生物科学类别下的常设专业、目录外专业以及试点专业包括生物科学、生物化学与分子生物学、生物资源科学、生物安全、生物科学与生物技术、生物信息学、生物信息技术、医学信息学、生态学等近 10 个专业门类。2012 年版《普通高等学校本科专业目录》中仅有生物科学、生物技术、生物信息学、生态学四个专业门类。

又如，1998 年版的《普通高等学校本科专业目录》管理学科下设的二级目录工商管理类中，一般专业、目录外专业和试点专业包括工商管理、商务策划管理、特许经营管理、商品学、连锁经营管理、食品经济管理。2012 年版《普通高等学校本科专业目录》中则只设置了工商管理一个专业，其他专业均被裁撤。

再如，1998 年版的《普通高等学校本科专业目录》中目录外专业的教育学一级学科下属的教育学类二级目录下设立了林木生产教育、特用动物教育、农业机械教育、农业建筑与环境控制教育、制浆造纸工艺教育、印剧工艺教育、橡塑制品成型工艺教育、纺织工艺教育、染整工艺教育、化工工艺教育、化工分析与检测技术教育、建筑材料工程教育等专业。由于这些专业在普通本科教学实践中无布点，因此在 2012 年版《普通高等学校本科专业目录》中均被撤销。

3.2012 年版《普通高等学校本科专业目录》的专业面进一步拓宽

1993 年和 1998 年版的《普通高等学校本科专业目录》中均出现了可授予多种学位的专业，2012 年版《普通高等学校本科专业目录》中进一步强化了多学位专业（表 2-10）。

表2-10　2012年版《普通高等学校本科专业目录》中的多学位授予专业一览表

类型	一级目录	二级目录	多学位专业
一般专业	教育学	教育学	教育技术学（注：可授教育学、理学或工学学士学位）
			艺术教育（注：可授教育学或艺术学学士学位）
	理学	化学类	应用化学（注：可授理学或工学学士学位）
		地理科学类	自然地理与资源环境（注：可授理学或管理学学士学位）
			人文地理与城乡规划（注：可授理学或管理学学士学位）
		海洋科学类	海洋技术（注：可授理学或工学学士学位）
		地球物理学类	空间科学与技术（注：可授理学或工学学士学位）
		生物科学类	生物技术（注：可授理学或工学学士学位）
			生物信息学（注：可授理学或工学学士学位）
		心理学类	心理学（注：可授理学或教育学学士学位）
			应用心理学（注：可授理学或教育学学士学位）

续　表

类型	一级目录	二级目录	多学位专业
一般专业	工学	力学类	理论与应用力学（注：可授工学或理学学士学位）
		材料类	材料物理（注：可授工学或理学学士学位）
			材料化学（注：可授工学或理学学士学位）
		电子信息类	电子信息工程（注：可授工学或理学学士学位）
			电子科学与技术（注：可授工学或理学学士学位）
			微电子科学与工程（注：可授工学或理学学士学位）
			光电信息科学与工程（注：可授工学或理学学士学位）
		计算机类	计算机科学与技术（注：可授工学或理学学士学位）
			信息安全（注：可授工学、理学或管理学学士学位）
		纺织类	服装设计与工程（注：可授工学或艺术学学士学位）
		环境科学与工程类	环境科学（注：可授工学或理学学士学位）
		生物医学工程类	生物医学工程（注：可授工学或理学学士学位）
		食品科学与工程类	食品科学与工程（注：可授工学或农学学士学位）
		建筑类	风景园林（注：可授工学或艺术学学士学位）
		植物生产类	设施农业科学与工程（注：可授农学或工学学士学位）
	医学	公共卫生与预防医学类	食品卫生与营养学（注：可授理学学士学位）

类型	一级目录	二级目录	多学位专业
一般专业	管理学	管理科学与工程类	管理科学（注：可授管理学或理学学士学位）
			信息管理与信息系统（注：可授管理学或工学学士学位）
			工程管理（注：可授管理学或工学学士学位）
			工程造价（注：可授管理学或工学学士学位）
		工商管理类	文化产业管理（注：可授管理学或艺术学学士学位）
		农业经济管理类	农村区域发展（注：可授管理学或农学学士学位）
		公共管理类	土地资源管理（注：可授管理学或工学学士学位）
		物流管理与工程类	物流工程（注：可授管理学或工学学士学位）
		工业工程类	工业工程（注：可授管理学或工学学士学位）
		电子商务类	电子商务（注：可授管理学、经济学或工学学士学位）
特设专业	经济学	金融学类	信用管理（注：可授经济学或管理学学士学位）
	教育学	体育学类	运动康复（注：可授教育学或理学学士学位）
	历史学	历史学类	外国语言与外国历史（注：可授历史学或文学学士学位）
	理学	地质学类	地球信息科学与技术（注：可授理学或工学学士学位）
	工学	电子信息类	电子信息科学与技术（注：可授工学或理学学士学位）
		环境科学与工程类	资源环境科学（注：可授工学或理学学士学位）

类型	一级目录	二级目录	多学位专业
特设专业	农学	植物生产类	应用生物科学（注：可授农学或理学学士学位）
		动物医学类	动植物检疫（注：可授农学或理学学士学位）
	医学	中药学类	中药制药（注：可授理学或工学学士学位）
	管理学	公共管理类	交通管理（注：可授管理学或工学学士学位）

2012 年版《普通高等学校本科专业目录》中明确标注了 47 个可授予多种学位的专业，这些专业所学的知识往往跨越两个专业，益于增强该专业本科学生所学知识的适用性。这些专业所培养的本科人才与普通本科专业相比，具有更强的复合性。

（三）强调本科专业设置与学位的契合性

2012 年版《普通高等学校本科专业目录》中的学科门类设置与教育部 2011 年印发的《学位授予和人才培养学科目录（2011 年）》中的学科门类基本一致。此外，与 1998 年版的《普通高等学校本科专业目录》相比，2012 年版《普通高等学校本科专业目录》更强调专业结构与产业的契合度。

例如，2012 年版《普通高等学校本科专业目录》中管理学学科下设的工商管理类别中加设了商务策划管理、特许经营管理、商品学、连锁经营管理、食品经济管理等专业，这些专业与社会产业的发展息息相关，反映出了社会产业结构的变化。

三、2012 年后普通本科院校专业设置

20 世纪第二个十年，科学技术的快速发展，及我国社会经济改革的持续深化，促使国内外发展环境发生了较大变化，对我国高等教育人才培养产生了较大影响。2012 年后，我国普通本科院校的专业设置出现了少量新增，新增的专业大多体现出适应科技与经济发展需求的特点。

2020 年，教育部发布了《教育部关于公布 2019 年度普通高等学校本

科专业备案和审批结果的通知》，并公布了《普通高等学校本科专业目录（2020年版）》，该目录在《普通高等学校本科专业目录（2012年）》基础上增补了近年来批准增设的目录外新专业。由于《普通高等学校本科专业目录（2020年版）》仅在《普通高等学校本科专业目录（2012年）》的基础上增补了189个专业，因此，仍然保留了《普通高等学校本科专业目录（2012年）》的专业设置原则和理念（表2-11）。

表2-11 《普通高等学校本科专业目录（2020年版）》新增的189个专业一览表

序号	门类	专业类	专业名称	学位授予门类	修业年限	增设年份
1	经济学	经济学类	劳动经济学	经济学	四年	2016
2	经济学	经济学类	经济工程	经济学	四年	2017
3	经济学	经济学类	数字经济	经济学	四年	2018
4	经济学	金融学类	精算学	理学，经济学	四年	2015
5	经济学	金融学类	互联网金融	经济学	四年	2016
6	经济学	金融学类	金融科技	经济学	四年	2017
7	法学	法学类	信用风险管理与法律防控	法学	四年	2017
8	法学	法学类	国际经贸规则	法学	四年	2017
9	法学	法学类	司法警察学	法学	四年	2018
10	法学	法学类	社区矫正	法学	四年	2018
11	法学	政治学类	国际组织与全球治理	法学	四年	2018
12	法学	社会学类	老年学	法学	四年	2019
13	法学	马克思主义理论类	马克思主义理论	法学	四年	2017
14	法学	公安学类	技术侦查学	法学	四年	2016
15	法学	公安学类	海警执法	法学	四年	2016

续 表

序号	门类	专业类	专业名称	学位授予门类	修业年限	增设年份
16	法学	公安学类	公安政治工作	法学	四年	2018
17	法学	公安学类	移民管理	法学	四年	2018
18	法学	公安学类	出入境管理	法学	四年	2018
19	教育学	教育学类	卫生教育	教育学	四年	2016
20	教育学	教育学类	认知科学与技术	教育学	四年	2018
21	教育学	体育学类	体能训练	教育学	四年	2017
22	教育学	体育学类	冰雪运动	教育学	四年	2017
23	教育学	体育学类	电子竞技运动与管理	教育学	四年	2018
24	教育学	体育学类	智能体育工程	教育学，工学	四年	2018
25	教育学	体育学类	体育旅游	教育学	四年	2019
26	教育学	体育学类	运动能力开发	教育学，理学	四年	2019
27	文学	中国语言文学类	中国语言与文化	文学	四年	2016
28	文学	中国语言文学类	手语翻译	文学	四年	2016
29	文学	外国语言文学类	桑戈语	文学	四年	2017
30	文学	外国语言文学类	索马里语	文学	四年	2017
31	文学	外国语言文学类	土库曼语	文学	四年	2014
32	文学	外国语言文学类	加泰罗尼亚语	文学	四年	2014
33	文学	外国语言文学类	约鲁巴语	文学	四年	2014
34	文学	外国语言文学类	亚美尼亚语	文学	四年	2015
35	文学	外国语言文学类	马达加斯加语	文学	四年	2015

序号	门类	专业类	专业名称	学位授予门类	修业年限	增设年份
36	文学	外国语言文学类	格鲁吉亚语	文学	四年	2015
37	文学	外国语言文学类	阿塞拜疆语	文学	四年	2015
38	文学	外国语言文学类	阿非利卡语	文学	四年	2015
39	文学	外国语言文学类	马其顿语	文学	四年	2015
40	文学	外国语言文学类	塔吉克语	文学	四年	2015
41	文学	外国语言文学类	茨瓦纳语	文学	四年	2016
42	文学	外国语言文学类	恩德贝莱语	文学	四年	2016
43	文学	外国语言文学类	科摩罗语	文学	四年	2016
44	文学	外国语言文学类	克里奥尔语	文学	四年	2016
45	文学	外国语言文学类	绍纳语	文学	四年	2016
46	文学	外国语言文学类	提格雷尼亚语	文学	四年	2016
47	文学	外国语言文学类	白俄罗斯语	文学	四年	2016
48	文学	外国语言文学类	毛利语	文学	四年	2016
49	文学	外国语言文学类	汤加语	文学	四年	2016
50	文学	外国语言文学类	萨摩亚语	文学	四年	2016
51	文学	外国语言文学类	库尔德语	文学	四年	2016
52	文学	外国语言文学类	比斯拉马语	文学	四年	2017
53	文学	外国语言文学类	达里语	文学	四年	2017
54	文学	外国语言文学类	德顿语	文学	四年	2017
55	文学	外国语言文学类	迪维希语	文学	四年	2017

续　表

序号	门类	专业类	专业名称	学位授予门类	修业年限	增设年份
56	文学	外国语言文学类	斐济语	文学	四年	2017
57	文学	外国语言文学类	库克群岛毛利语	文学	四年	2017
58	文学	外国语言文学类	隆迪语	文学	四年	2017
59	文学	外国语言文学类	卢森堡语	文学	四年	2017
60	文学	外国语言文学类	卢旺达语	文学	四年	2017
61	文学	外国语言文学类	纽埃语	文学	四年	2017
62	文学	外国语言文学类	皮金语	文学	四年	2017
63	文学	外国语言文学类	切瓦语	文学	四年	2017
64	文学	外国语言文学类	塞苏陀语	文学	四年	2017
65	文学	外国语言文学类	语言学	文学	四年	2018
66	文学	外国语言文学类	塔玛齐格特语	文学	四年	2018
67	文学	外国语言文学类	爪哇语	文学	四年	2018
68	文学	外国语言文学类	旁遮普语	文学	四年	2018
69	文学	新闻传播学类	时尚传播	文学	四年	2017
70	文学	新闻传播学类	国际新闻与传播	文学	四年	2018
71	文学	新闻传播学类	会展	文学，管理学	四年	2019
72	历史学	历史学类	文化遗产	历史学	四年	2015
73	理学	数学类	数据计算及应用	理学	四年	2018
74	理学	物理学类	系统科学与工程	理学	四年	2017
75	理学	化学类	能源化学	理学	四年	2015

序号	门类	专业类	专业名称	学位授予门类	修业年限	增设年份
76	理学	地球物理学类	防灾减灾科学与工程	工学	四年	2018
77	理学	生物科学类	整合科学	理学	四年	2016
78	理学	生物科学类	神经科学	理学	四年	2016
79	工学	机械类	智能制造工程	工学	四年	2017
80	工学	机械类	智能车辆工程	工学	四年	2018
81	工学	机械类	仿生科学与工程	工学	四年	2018
82	工学	机械类	新能源汽车工程	工学	四年	2018
83	工学	仪器类	精密仪器	工学	四年	2017
84	工学	仪器类	智能感知工程	工学	四年	2019
85	工学	材料类	材料设计科学与工程	工学	四年	2015
86	工学	材料类	复合材料成型工程	工学	四年	2017
87	工学	材料类	智能材料与结构	工学	四年	2019
88	工学	能源动力类	储能科学与工程	工学	四年	2019
89	工学	电气类	电机电器智能化	工学	四年	2016
90	工学	电气类	电缆工程	工学	四年	2016
91	工学	电子信息类	人工智能	工学	四年	2018
92	工学	电子信息类	海洋信息工程	工学	四年	2019
93	工学	自动化类	机器人工程	工学	四年	2015
94	工学	自动化类	邮政工程	工学	四年	2016
95	工学	自动化类	核电技术与控制工程	工学	四年	2017

续 表

序号	门类	专业类	专业名称	学位授予门类	修业年限	增设年份
96	工学	自动化类	智能装备与系统	工学	四年	2019
97	工学	自动化类	工业智能	工学	四年	2019
98	工学	计算机类	数据科学与大数据技术	工学	四年	2015
99	工学	计算机类	网络空间安全	工学	四年	2015
100	工学	计算机类	新媒体技术	工学	四年	2016
101	工学	计算机类	电影制作	工学	四年	2016
102	工学	计算机类	保密技术	工学	四年	2017
103	工学	计算机类	服务科学与工程	工学	四年	2019
104	工学	计算机类	虚拟现实技术	工学	四年	2019
105	工学	计算机类	区块链工程	工学	四年	2019
106	工学	土木类	铁道工程	工学	四年	2014
107	工学	土木类	智能建造	工学	四年	2017
108	工学	土木类	土木、水利与海洋工程	工学	四年	2018
109	工学	土木类	土木、水利与交通工程	工学	四年	2019
110	工学	水利类	水利科学与工程	工学	四年	2015
111	工学	测绘类	地理空间信息工程	工学	四年	2015
112	工学	化工与制药类	化工安全工程	工学	四年	2017
113	工学	化工与制药类	涂料工程	工学	四年	2017
114	工学	化工与制药类	精细化工	工学	四年	2018
115	工学	地质类	旅游地学与规划工程	工学	四年	2019

序号	门类	专业类	专业名称	学位授予门类	修业年限	增设年份
116	工学	纺织类	丝绸设计与工程	工学	四年	2016
117	工学	轻工类	香料香精技术与工程	工学	四年	2016
118	工学	轻工类	化妆品技术与工程	工学	四年	2017
119	工学	交通运输类	轨道交通电气与控制	工学	四年	2017
120	工学	交通运输类	邮轮工程与管理	工学	四年	2017
121	工学	海洋工程类	海洋机器人	工学	四年	2018
122	工学	航空航天类	飞行器控制与信息工程	工学	四年	2015
123	工学	航空航天类	无人驾驶航空器系统工程	工学	四年	2016
124	工学	兵器类	智能无人系统技术	工学	四年	2019
125	工学	农业工程类	土地整治工程	工学	四年	2016
126	工学	农业工程类	农业智能装备工程	工学	四年	2019
127	工学	林业工程类	家具设计与工程	工学	四年	2018
128	工学	生物医学工程类	临床工程技术	工学	四年	2016
129	工学	生物医学工程类	康复工程	工学	四年	2019
130	工学	食品科学与工程类	食品安全与检测	工学	四年	2016
131	工学	食品科学与工程类	食品营养与健康	工学	四年	2019
132	工学	食品科学与工程类	食用菌科学与工程	工学	四年	2019
133	工学	食品科学与工程类	白酒酿造工程	工学	四年	2019
134	工学	建筑类	人居环境科学与技术	工学	四年	2017

序号	门类	专业类	专业名称	学位授予门类	修业年限	增设年份
135	工学	建筑类	城市设计	工学	四年	2019
136	工学	建筑类	智慧建筑与建造	工学	四年	2019
137	工学	安全科学与工程类	应急技术与管理	工学	四年	2018
138	工学	安全科学与工程类	职业卫生工程	工学	四年	2018
139	工学	生物工程类	合成生物学	工学	四年	2019
140	工学	公安技术类	海警舰艇指挥与技术	工学	四年	2015
141	工学	公安技术类	数据警务技术	工学	四年	2018
142	农学	植物生产类	智慧农业	农学	四年	2019
143	农学	植物生产类	菌物科学与工程	农学	四年	2019
144	农学	植物生产类	农药化肥	农学	四年	2019
145	农学	自然保护与环境生态类	生物质科学与工程	农学	四年	2019
146	农学	动物生产类	经济动物学	农学	四年	2018
147	农学	动物生产类	马业科学	农学	四年	2018
148	农学	动物医学类	实验动物学	农学	四年	2017
149	农学	动物医学类	中兽医学	农学	四年	2018
150	农学	林学类	经济林	农学	四年	2018
151	医学	基础医学类	生物医学	理学	四年	2014
152	医学	基础医学类	生物医学科学	理学	四年	2015
153	医学	临床医学类	儿科学	医学	五年	2015
154	医学	中医学类	回医学	医学	五年	2015

序号	门类	专业类	专业名称	学位授予门类	修业年限	增设年份
155	医学	中医学类	中医康复学	医学	五年	2016
156	医学	中医学类	中医养生学	医学	五年	2016
157	医学	中医学类	中医儿科学	医学	五年	2016
158	医学	中医学类	中医骨伤科学	医学	五年	2018
159	医学	药学类	化妆品科学与技术	理学	四年	2018
160	医学	医学技术类	康复物理治疗	理学	四年	2016
161	医学	医学技术类	康复作业治疗	理学	四年	2016
162	医学	医学技术类	智能医学工程	工学	四年	2017
163	医学	护理学类	助产学	理学	四年	2016
164	管理学	管理科学与工程类	邮政管理	管理学	四年	20165
165	管理学	管理科学与工程类	大数据管理与应用	管理学	四年	2017
166	管理学	管理科学与工程类	工程审计	管理学	四年	2017
167	管理学	管理科学与工程类	计算金融	管理学	四年	2018
168	管理学	管理科学与工程类	应急管理	管理学	四年	2019
169	管理学	工商管理类	零售业管理	管理学	四年	2016
170	管理学	公共管理类	健康服务与管理	管理学	四年	2015
171	管理学	公共管理类	海警后勤管理	管理学	四年	2016
172	管理学	公共管理类	医疗产品管理	管理学	四年	2017
173	管理学	公共管理类	医疗保险	管理学	四年	2019
174	管理学	公共管理类	养老服务管理	管理学	四年	2019

续　表

序号	门类	专业类	专业名称	学位授予门类	修业年限	增设年份
175	管理学	物流管理与工程类	供应链管理	管理学	四年	2017
176	管理学	电子商务类	跨境电子商务	管理学	四年	2019
177	艺术学	艺术学理论类	艺术管理	艺术学	四年	2016
178	艺术学	音乐与舞蹈学类	舞蹈教育	艺术学	四年	2017
179	艺术学	音乐与舞蹈学类	航空服务艺术与管理	艺术学	四年	2018
180	艺术学	音乐与舞蹈学类	流行音乐	艺术学	四年	2018
181	艺术学	音乐与舞蹈学类	音乐治疗	艺术学	四年	2018
182	艺术学	音乐与舞蹈学类	流行舞蹈	艺术学	四年	2018
183	艺术学	戏剧与影视学类	影视技术	艺术学	四年	2017
184	艺术学	戏剧与影视学类	戏剧教育	艺术学	四年	2018
185	艺术学	美术学类	跨媒体艺术	艺术学	四年	2015
186	艺术学	美术学类	文物保护与修复	艺术学	四年	2016
187	艺术学	美术学类	漫画	艺术学	四年	2016
188	艺术学	设计学类	新媒体艺术	艺术学	四年	2016
189	艺术学	设计学类	包装设计	艺术学	四年	2016

从上表中可以看出，新增的专业涉及各个学科。2015—2019 年陆续增设 189 个专业，这些新增专业大多代表着社会发展的最新趋向。

2021 年，教育部公布了《教育部关于公布 2020 年度普通高等学校本科专业备案和审批结果的通知》，同时公布了《列入普通高等学校本科专业目录的新专业名单（2021 年）》（表 2-12）。

表2-12 列入普通高等学校本科专业目录的新专业名单（2021年）一览表

序号	门类	专业类	专业名称	学位授予门类	修业年限	增设年份
1	法学	社会学类	社会政策	法学	四年	2020
2	法学	公安学类	反恐警务	法学	四年	2020
3	法学	公安学类	消防政治工作	法学	四年	2020
4	教育学	教育学类	融合教育	教育学	四年	2020
5	历史学	历史学类	古文字学	历史学	四年	2020
6	理学	物理学类	量子信息科学	理学	四年	2020
7	理学	化学类	化学测量学与技术	理学	四年	2020
8	理学	大气科学类	气象技术与工程	理学，工学	四年	2020
9	工学	机械类	增材制造工程	工学	四年	2020
10	工学	机械类	智能交互设计	工学	四年	2020
11	工学	机械类	应急装备技术与工程	工学	四年	2020
12	工学	能源动力类	能源服务工程	工学	四年	2020
13	工学	电气类	能源互联网工程	工学	四年	2020
14	工学	电子信息类	柔性电子学	工学	四年	2020
15	工学	电子信息类	智能测控工程	工学	四年	2020
16	工学	自动化类	智能工程与创意设计	工学	四年	2020
17	工学	计算机类	密码科学与技术	工学	四年	2020
18	工学	土木类	城市水系统工程	工学	四年	2020
19	工学	矿业类	智能采矿工程	工学	四年	2020
20	工学	交通运输类	智慧交通	工学	四年	2020

续　表

序号	门类	专业类	专业名称	学位授予门类	修业年限	增设年份
21	工学	航空航天类	智能飞行器技术	工学	四年	2020
22	工学	公安技术类	食品药品环境犯罪侦查技术	工学	四年	2020
23	农学	植物生产类	生物农药科学与工程	农学	四年	2020
24	农学	自然保护与环境生态类	土地科学与技术	农学	四年	2020
25	农学	动物生产类	饲料工程	农学，工学	四年	2020
26	农学	动物生产类	智慧牧业科学与工程	农学	四年	2020
27	农学	动物医学类	兽医公共卫生	农学	五年	2020
28	医学	公共卫生与预防医学类	运动与公共健康	理学	四年	2020
29	医学	医学技术类	生物医药数据科学	理学	四年	2020
30	医学	医学技术类	智能影像工程	工学	四年	2020
31	管理学	工商管理类	创业管理	管理学	四年	2020
32	管理学	公共管理类	海关检验检疫安全	管理学	四年	2020
33	管理学	公共管理类	海外安全管理	管理学	四年	2020
34	管理学	公共管理类	自然资源登记与管理	管理学	四年	2020
35	艺术学	艺术学理论类	非物质文化遗产保护	艺术学	四年	2020
36	艺术学	音乐与舞蹈学类	音乐教育	艺术学	四年	2020
37	艺术学	美术学类	纤维艺术	艺术学	四年	2020

　　2022年，教育部发布了《教育部关于公布2021年度普通高等学校本科专业备案和审批结果的通知》，同时明确了2022年列入普通高等学校本科专业目录的新专业名单，共计新增31个专业（表2-13）。

表2-13 列入普通高等学校本科专业目录的新专业名单（2022）

序号	门类	专业类	专业名称	学位授予门类	修业年限	增设年份
1	经济学	财政学类	国际税收	经济学	四年	2021
2	经济学	经济与贸易类	国际经济发展合作	经济学	四年	2021
3	法学	法学类	纪检监察	法学	四年	2021
4	法学	公安学类	铁路警务	法学	四年	2021
5	教育学	教育学类	劳动教育	教育学	四年	2021
6	历史学	历史学类	科学史	历史学	四年	2021
7	理学	地球物理学类	行星科学	理学	四年	2021
8	工学	材料类	光电信息材料与器件	工学	四年	2021
9	工学	能源动力类	氢能科学与工程	工学	四年	2021
10	工学	能源动力类	可持续能源	工学	四年	2021
11	工学	电气类	智慧能源工程	工学	四年	2021
12	工学	土木类	智能建造与智慧交通	工学	四年	2021
13	工学	水利类	智慧水利	工学	四年	2021
14	工学	地质类	智能地球探测	工学	四年	2021
15	工学	地质类	资源环境大数据工程	工学	四年	2021
16	工学	矿业类	碳储科学与工程	工学	四年	2021
17	工学	轻工类	生物质能源与材料	工学	四年	2021
18	工学	交通运输类	智能运输工程	工学	四年	2021
19	工学	海洋工程类	智慧海洋技术	工学	四年	2021
20	工学	航空航天类	空天智能电推进技术	工学	四年	2021
21	工学	林业工程类	木结构建筑与材料	工学	四年	2021

续　表

序号	门类	专业类	专业名称	学位授予门类	修业年限	增设年份
22	农学	植物生产类	生物育种科学	理学	四年	2021
23	农学	自然保护与环境生态类	湿地保护与恢复	农学	四年	2021
24	农学	林学类	智慧林业	农学	四年	2021
25	管理学	工商管理类	海关稽查	管理学	四年	2021
26	管理学	公共管理类	慈善管理	管理学	四年	2021
27	艺术学	戏剧与影视学类	曲艺	艺术学	四年	2021
28	艺术学	戏剧与影视学类	音乐剧	艺术学	四年	2021
29	艺术学	美术学类	科技艺术	艺术学	四年	2021
30	艺术学	美术学类	美术教育	艺术学	四年	2021
31	艺术学	设计学类	珠宝首饰设计与工艺	艺术学	四年	2021

　　从 2020 年、2021 年、2022 年我国教育部公布的年度普通高等学校本科专业目录名单来看，新增专业大多属于特设专业、国家控制布点专业，以及特设控制布点专业。这些专业，尤其是特设控制布点专业往往拥有较强的专业壁垒。一般而言，2012 年后普通本科院校新增设的专业并非各校通常应当开设的专业，而是个别高校开设的专业，体现出了 21 世纪以来我国高校专业设置的自主性特征。

　　除了新增专业之外，近年来，我国教育部每年均公布撤销专业名单，以有效控制专业数量，适应社会经济发展和人才培养的需要。

　　综上所述，自 1949 年以来，我国普通本科院校专业设置共经历了六次变迁。其中，1954 年《高等学校专业目录分类设置（草案）》和 1963 年发布的《高等学校通用专业目录》虽然并非特指本科院校专业目录，但却包括本科院校，且以本科院校为主。改革开放以来，我国教育部在原有高等院校专业目录的基础上，对普通高等院校的本科专业目录设置进行了多次调整。其中，20 世纪 80 年代普通本科院校的专业调整用时相对较长，各学科专业目录独立发布，20 世纪 90 年代我国普通本科院校专业目录经历了 1993 年和 1998 年两次调整。进入 21 世纪后，我国普通本科专业目录于 2012 年进行了调整，之后自 2019 年开始，教育部每年发布下一年度的普通本科专业目录，并且明确新增专业目录和撤销的专业目录。本科教育作为我国高等教育阶段至关重要的学历教育之一，在推动高等教育发展和改革中起着至关重要的作用，了解我国不同时期普通本科院校专业设置，有利于进一步对我国现行的本科专业目录进行优化和创新。

第三章　普通本科院校专业设置变迁的影响因素、特征及规律

第一节　普通本科院校专业设置变迁的影响因素

纵观我国普通本科院校专业设置的历次变迁，均受到诸多因素的影响。本节主要对普通本科院校专业设置变迁的影响因素进行详细分析。

一、政策因素

普通本科教育作为一个国家或地区高等教育的重要组成部分，直接关系着一个国家或地区高等教育的发展水平和人才培养质量。为了更好地开展本科教育，政府往往通过政策来对普通本科专业进行调整。从这一视角来看，政府是我国普通本科院校专业设置的主体力量之一，而政府政策则是影响我国普通本科院校专业设置变迁的重要因素之一。

（一）政策因素对普通本科院校专业设置变迁的影响体现

政策是指政府、政党或其他组织为实现其目标而制定的各种规则和采取的各种行动的总和。[①] 国家的政策制度和相关法律法规是影响和指导我国普通本科院校专业设置的主要因素。政策因素对普通本科院校专业设置变迁的影响主要体现在以下几个方面。

1.政策因素能够影响普通本科院校专业设置的理念

普通本科院校专业设置理念是普通本科院校进行专业设置的重要依据。政策是政府履行行政职能、实施公共管理的重要手段之一，政府发布的教育政策能够对普通本科院校的专业设置产生直接或间接的影响。在我国普通本科院校专业设置变迁中，专业设置理念扮演着极其重要的角色，对我国普通本科院校的专业设置起着重要的指导作用。

1949 年以来，我国普通本科院校历次专业变迁如下表 3-1 所示。

---

① 关信平.社会政策概论[M].北京：高等教育出版社，2004：5.

表3-1　1949年以来普通本科院校专业设置理念变迁一览表

变迁次数	专业设置文件	政策	专业设置理念
第一次	1954 年颁布的《高等学校专业目录分类设置（草案）》	1953 年，原政务院发布的《关于修订高等学校领导关系的决定》	在专才教育思想的影响下，按照国家建设部门对包括本科教育在内的高等教育专业进行分类
第二次	1963 年颁布的《高等学校通用专业目录》	1963 年原国家计划委员会和教育部联合发布的《关于修订"高等学校通用专业目录"和"高等学校绝密、机密专业目录"的报告》	确定了以社会需要为主导，学术为辅的专业设置理念
第三次	20 世纪 80 年代《高等学校工科本科专业目录》等 7 个文件	1978 年《关于进行高等学校专业调查和调整工作的通知》 1989 年《普通高等学校本科专业设置暂行规定》	侧重和强调学科在专业设置中的基础性作用
第四次	1993 年颁布的《普通高等学校本科专业目录》	1990 年发布的《授予博士、硕士学位和培养研究生的学科、专业目录》	坚持以学科划分专业门类
第五次	1998 年颁布的《普通高等学校本科专业目录》	1998 年《中华人民共和国高等教育法》《普通高等学校本科专业设置规定》	以学科划分专业门类
第六次	2012 年颁布的《普通高等学校本科专业目录（2012 年）》	2009 年《学位授予和人才培养学科目录设置与管理办法》 2010 年《国家中长期教育改革和发展规划纲要（2010—2020 年）》《教育部关于进行普通高等学校本科专业目录修订工作的通知》	以学科划分专业门类

从上表中可以看出，1949 年以来，我国普通本科院校专业设置历次变迁前，均会发布一些政策，这些政策对普通本科院校专业设置理念起着重

要的影响作用。

以 1953 年原政务院发布的《关于修订高等学校领导关系的决定》为例。《关于修订高等学校领导关系的决定》中明确了中央高等教育部对全国高等学校实行统一领导的管理体制，同时规定综合性大学以及与几个业务部门有关的多科性高等工业学校由中央高等教育部直接管理，同时为某一业务部门或主要为某一业务部门培养干部的单科性高等学校，委托中央有关业务部门管理。这一规定对高等学校专业设置理念产生了重要影响，说明高等教育的发展与变革应当符合当时的经济建设需要，同时确立了高等院校专才培养理念。

2.政策因素能够影响普通本科院校专业设置的原则

政府政策除了能对普通本科院校专业设置起决定性作用之外，还能够影响普通本科院校专业设置的原则。

以 2012 年颁布的《普通高等学校本科专业目录（2012 年）》为例。早在 2010 年，教育部即颁布了《教育部关于进行普通高等学校本科专业目录修订工作的通知》，其中明确指出高等学校本科专业目录修订工作应当以科学发展观为指导，全面贯彻党的教育方针，坚持面向现代化、面向世界、面向未来，在立足国情、把握国家发展的历史方位和高等教育发展的阶段性特征的同时，遵循教育规律和人才成长规律，使得本科专业目录适应经济社会发展需要、适应人的全面发展需要，同时明确指出本科目录修订工作需要遵循科学规范、主动适应、继承发展的原则（表3-2）。

表3-2　1949年以来普通本科院校专业设置原则变迁一览表

变迁次数	专业设置文件	政策	专业设置原则
第一次	1954 年颁布的《高等学校专业目录分类设置（草案）》	1953 年，原政务院发布的《关于修订高等学校领导关系的决定》	以国家建设需要作为主要依据
第二次	1963 年颁布的《高等学校通用专业目录》	1963 年原国家计划委员会和教育部联合发布的《关于修订"高等学校通用专业目录"和"高等学校绝密、机密专业目录"的报告》	宽窄并存，以宽为主

变迁次数	专业设置文件	政策	专业设置原则
第三次	20世纪80年代《高等学校工科本科专业目录》等7个文件	1978年《关于进行高等学校专业调查和调整工作的通知》1989年《普通高等学校本科专业设置暂行规定》	1. 科学性原则 2. 适应性原则 3. 预见性原则 4. 层次性原则 5. 规范性原则
第四次	1993年颁布的《普通高等学校本科专业目录》	1990年发布的《授予博士、硕士学位和培养研究生的学科、专业目录》	1. 适应我国经济、科技和社会发展需要的原则 2. 科学性原则 3. 符合高等教育发展规律的原则 4. 拓宽专业、增强适应性原则
第五次	1998年颁布的《普通高等学校本科专业目录》	1998年《中华人民共和国高等教育法》《教育部关于加强专业结构调整力度，尽快缓解部分科类本专科毕业生供求矛盾的通知》《关于深化教学改革，培养适应21世纪需要的高质量人才的意见》《关于普通高等学校修订本科专业教学计划的原则意见》	1. 适应社会要求 2. 增强专业的学科性
第六次	2012年颁布的《普通高等学校本科专业目录（2012年）》	2009年《学位授予和人才培养学科目录设置与管理办法》2010年《国家中长期教育改革和发展规划纲要（2010—2020年）》《教育部关于进行普通高等学校本科专业目录修订工作的通知》	1. 科学性原则 2. 主动适应原则 3. 继承发展原则

3. 政策因素能够影响普通本科院校专业设置的内容

除了专业设置理念和原则之外，国家政策对普通本科院校专业设置的内容还起着直接和间接影响作用。

以2012年颁布的《普通高等学校本科专业目录（2012年）》为例。早在该文件颁布前，2009 年和 2010 年我国教育部等有关部门即颁布了《学位授予和人才培养学科目录设置与管理办法》《国家中长期教育改革和发展规划纲要（2010—2020 年）》《教育部关于进行普通高等学校本科专业目录修订工作的通知》等文件。这些文件的颁布进一步指明了我国高等教育的发展方向和人才培养趋势，对普通本科院校专业设置有着直接影响。

例如，2010 年发布的《教育部关于进行普通高等学校本科专业目录修订工作的通知》中明确指出专业目录设哲学、经济学、法学、教育学、文学、历史学、理学、工学、农学、医学、管理学、艺术学（暂定）12 个学科门类，其中艺术学为新设立的门类；指出本科专业目录设置中的学科门类与《学位授予和人才培养学科目录》中的学科门类保持一致，专业类的设置原则上与相关一级学科保持一致；强调专业设置应当兼顾新兴学科和交叉学科。从 2010 年发布的《教育部关于进行普通高等学校本科专业目录修订工作的通知》中可以看出国家政策对普通本科院校专业设置变迁起着极为重要的作用。

20 世纪 90 年代末至 21 世纪初期，我国教育部发布了高等教育扩招的相关政策，并且开始实施"211 工程""985 工程"。2017 年，教育部、财政部、国家发展和改革委员会联合印发了《统筹推进世界一流大学和一流学科建设实施办法（暂行）》《关于公布世界一流大学和一流学科建设高校及建设学科名单的通知》等文件，我国开始实施"世界一流大学和世界一流学科"工程。这些高等教育政策的实施，均对我国普通本科院校专业设置的变迁产生了重要影响。

对于入选"世界一流大学和世界一流学科"的高校和具体学科，国家将予以经费和政策扶持，推动其快速发展，进而对普通本科院校的专业设置产生深刻影响。

（二）政策因素对普通本科院校专业设置变迁的影响的特点

政府政策对普通本科院校专业设置的影响具有如下特点。

1. 直接影响和间接影响兼具

政府政策对普通本科院校专业设置的影响既有直接影响，也有间接影响。

（1）政府政策对普通本科院校专业设置的直接影响。政府政策对普通本科院校专业设置的直接影响主要体现为政府政策与普通本科专业设置的契合度、相关性较高。很多政策都对普通本科专业设置有着直接的指导作用。

例如，1963年原国家计划委员会和教育部联合发布的《关于修订"高等学校通用专业目录"和"高等学校绝密、机密专业目录"的报告》、1978年《关于进行高等学校专业调查和调整工作的通知》、1989年发布的《普通高等学校本科专业设置暂行规定》、1997年发布的《教育部关于进行普通高等学校本科专业目录修订工作的通知》、2010年《教育部关于进行普通高等学校本科专业目录修订工作的通知》。这些政策对之后的普通本科专业目录设置具有较强的针对性，因此对普通本科院校的专业设置有着直接的影响。

（2）政府政策对普通本科院校专业设置的间接影响。政府政策除了对普通本科院校专业设置有着直接影响之外，还对其有着间接的影响。通常对普通本科院校专业设置产生间接影响的政策是指与普通本科院校专业设置直接契合度和相关性较低的政策。

例如，1990年发布的《授予博士、硕士学位和培养研究生的学科、专业目录》、1998年发布的《中华人民共和国高等教育法》、2009年《学位授予和人才培养学科目录设置与管理办法》、2010年《国家中长期教育改革和发展规划纲要（2010—2020年）》。这些政策虽然与普通本科专业设置之间并不存在直接关系，然而这些政策中指明的我国高等教育发展的阶段、目标以及趋势等均对普通本科专业设置有着重要影响。

以2009年发布的《学位授予和人才培养学科目录设置与管理办法》为例。

这一文件中明确规定了我国学位授予的学科目录分为学科门类、一级学科和二级学科，共三级，并对学科门类、一级学科和二级学科的设置与调整进行了明确规定。受这一政策的影响，我国普通本科院校专业也相应地设置了学科门类、专业类和专业三级目录，且在学科门类的设置上与《学位授予和人才培养学科目录设置与管理办法》及其他有关的法律法规保持一致。

2. 呈现出从具体指导到宏观调控的特点

自1949年至今，我国高校本科院校专业设置中政府政策的影响方式发生了较大变化，呈现出从具体指导到宏观调控的特点。

20世纪五六十年代，受我国当时所实行经济制度的影响，国家政策在普通本科院校专业设置中往往以具体指导的方式出现，对普通本科院校的专业设置产生了较大影响。例如，政府政策在高等学校专业设置、调整和撤销中发挥着唯一主体作用。社会和高校对普通本科院校专业设置的影响相对较弱。

1999年，教育部发布的《高等学校本科专业设置规定》中明确指出，政府要对高校本科专业设置进行宏观调控和管理。政府政策从具体指导到宏观调控的变化体现出政府作为主体对普通本科专业设置的影响从控制变为主导，高校和社会逐渐参与到普通本科专业设置的变迁中，并逐步在其中发挥越来越大的作用。

二、社会因素

本科院校是现代社会的重要组成部分，在现代社会发展中扮演着极其重要的角色，同时不可避免地受到现代社会发展的影响。我国普通本科院校的专业设置变迁也受到社会因素的重要影响。

（一）社会经济发展程度影响普通本科院校专业设置变迁

社会经济发展程度是影响普通本科院校专业设置的重要因素之一，直接关系着普通本科院校的物质保障，即本科院校实际投入。一般而言，社会经济发展程度越高，高等教育的投入也会相对较高。此外，社会经济发展程度不同，社会产业结构的差异较大，则对人才结构、人才规格的要求也就不尽相同，同时对培养本科人才的本科院校专业设置的要求也会存在较大差异。

以1949年以来我国社会经济的发展状况为例。

1949年中华人民共和国成立后，我国社会主义经济处于形成阶段，为了尽快恢复社会经济秩序，构建社会主义经济，我国高等院校被赋予了培养社会需要的专业人才的任务。因此这一时期，包括普通本科在内的高等院校专业设置的理念以社会职业为主要依据，形成了不按照学科设置专业，而按照社会职业设置本科专业的特点。

改革开放后，中国特色社会主义经济得以快速发展。由于中国特色社会主义市场经济的发展程度越来越高，社会产业结构逐渐发生了较大变化，从以第一、二产业为主，到以第三产业为主，产业结构呈现出"三二一"格局特点。此外，受现代科技发展的影响，我国社会经济逐渐迈上现代化新征程，开创了中国式现代化道路。

我国普通本科专业设置面临着全新的发展环境。早在 1997 年，我国教育部发布的《教育部关于进行普通高等学校本科专业目录修订工作的通知》中即指出普通高等学校本科专业目录的修订应面向 21 世纪，适应 21 世纪社会经济发展和人才培养需要。在 1998 年和 2012 年颁布的《普通高等学校本科专业目录》中增加了大量新专业，这些新专业均是由于社会经济发展而出现的新兴学科和交叉学科。例如，2012 年颁布的《普通高等学校本科专业目录（2012 年）》中的食品科学与工程类一级学科，即由生命科学与工程科学交叉构成，是衔接生命科学与工程科学的重要桥梁，具有多学科交叉渗透的特点，涉及化学、物理、生物、农学、医学、机械、环境、管理等多个学科领域。

除了新增加的专业之外，受社会经济发展程度的影响，我国普通本科院校专业设置还会逐渐淘汰落后的、过时的专业。

综上所述，社会经济发展程度对普通本科院校专业设置变迁起着重要影响作用，直接决定着普通本科院校专业设置的内容。

（二）学科发展状况影响普通本科院校专业设置变迁

学科，是指一定的科学知识领域，是知识分类和知识的组织方式。自改革开放以来，我国普通本科院校通常基于学科划分专业，因此学科发展状况对普通本科院校专业设置变迁的影响越来越大。学科与专业之间存在着极为密切的联系，学科与专业相互依存，互为基础。学科的发展，对专业的发展有着极为重要的影响。

例如，工学学科自 1949 年以来备受我国高等学校的重视，进入 21 世纪后，我国工学学科获得了快速发展。工学学科下设的机械类学科中增设了"智能制造工程""智能车辆工程""仿生科学与工程""新能源汽车工程"等，同时淘汰了一些落后的专业。

又如，理学学科下设的生物科学一级学科是自然科学的重要分支，也是人们观察和揭示生命现象、探讨生命本质和发现生命内在规律的科学。21世纪以来，生物科学的发展，促使生物科学专业朝着更加细化的方向发展，2016年新增了整合科学和神经科学专业。

在这里以管理学和艺术学科为例，对学科发展状况影响普通本科院校专业设置变迁情况进行详细分析。

自成为独立学科，随着不断发展，管理学科专业越来越丰富，细分专业种类越来越多。从表3-3中可以看出，1998年管理学学科下设一级学科5个，二级学科18个。2020年发布的《普通高等学校本科专业目录（2020年版）》中管理学科下设的一级学科增加至9个，二级学科增加至58个。2021年我国教育部发布的《列入普通高等学校本科专业目录的新专业名单（2021年）》中显示，管理学科下设的一级学科工商管理类新增了二级学科海关稽查，一级学科公共管理类新增了二级学科慈善管理。

表3-3　管理学科历年一级学科和二级学科数量一览表

年份	一级学科数量	二级学科数量
1998 年	5	18
2012 年	9	14
2020 年	9	58
2021 年	9	60

我国普通本科专业设置中，艺术学科成为一门独立学科的时间较管理学科晚。2012年发布《普通高等学校本科专业目录（2012年）》，艺术学科才成为一门独立学科。在短短几年内，艺术学科获得了飞快发展，对普通本科专业设置产生了较大影响。从表3-4中可以看出，2012年艺术学科作为独立学科，设立了5个一级学科，4个二级学科。其中，艺术学理论类、音乐与舞蹈学类两个一级学科下没有设置二级学科。《普通高等学校本科专业目录（2020年版）》中艺术学科的一级学科数量仍然为5个，二级学科的数量则激增为47个。《列入普通高等学校本科专业目录的新专业名单（2021年）》则显示，2021年艺术学科下设的戏剧与影视学类、美术学类和设计学类等一级学科下共新增加了5个二级学科。

表3-4 艺术学科历年一级学科和二级学科数量一览表

年份	一级学科数量	二级学科数量
2012 年	5	4
2020 年	5	47
2021 年	5	52

从我国本科专业设置的管理学科和艺术学科近年来的发展可以看出学科发展状况对我国普通本科院校专业设置的变迁有着极为重要的影响。

（三）科学技术的发展影响普通本科院校专业设置变迁

科学技术的发展是影响普通本科院校专业设置变迁的重要因素之一。科学技术是学科存在和发展的基本指导因素，任何学科都是科学技术体系的构成要素，因此学科的发展必然受到科学技术发展的制约，进而影响普通本科院校专业设置变迁。

科学技术的发展对普通本科院校专业设置变迁的影响主要表现在以下几个方面。

1. 科学技术的发展变化轨迹能够对普通本科院校专业设置的发展方向产生直接影响

科学技术的发展变化轨迹能够对学科发展和普通本科院校专业设置的发展方向产生直接影响。20 世纪以来，科学技术获得了快速发展。仅就 20 世纪下半叶而言，科学技术的发展即经历了多次科技发展革命，如核能技术的发展、人造地球卫星和宇宙飞船技术的发展、生命科学技术的发展、计算机技术的发展等。科学技术的发展变化轨迹直接对世界各国的社会经济发展趋势和人才培养目标产生了巨大影响，反映在普通本科院校专业设置变迁方面，即为专业设置的发展指明了方向。

例如，由于人造地球卫星和宇宙飞船技术的发展，本科专业设置中出现了地球信息科学与技术、地球与空间科学、空间科学与技术等专业。而计算机技术的发展则推动了信息安全、信息科学技术、智能电网信息工程、电气工程与智能控制、电子信息科学与技术、应用电子技术教育等专业的出现。

2.科学技术的发展对学科地位产生直接影响，进而对普通本科院校专业设置变迁产生间接影响

科学技术的发展具有一定的阶段性和时代性，在人类发展的不同阶段，某项科学技术的发展水平不同，那么该项科学技术相关学科的地位和重要性即不尽相同。一般而言，科学技术的发展直接影响着相关学科的地位和重要性。在特定的历史阶段，某项科学技术的发展能够直接促进相关学科地位和重要性显著提升，使处于优化发展中的学科能够取得较为丰硕的研究成果，进而对学科新人的质量和数量产生重要影响。

以工学中的材料学学科为例。材料学是指研究材料组成、结构、工艺、性质和使用性能之间相互关系的学科，为材料设计、制造、工艺优化和合理使用提供科学依据。自20世纪下半叶以来，由于冶金技术、高分子技术、宝石切割技术、焊接技术、纳米技术和新能源技术等的发展，材料类学科下设的专业更加丰富和细化，出现了冶金工程、金属材料工程、无机非金属材料工程、高分子材料与工程、复合材料与工程、粉体材料科学与工程、宝石及材料工艺学、焊接技术与工程、纳米材料与技术、新能源材料与器件、复合材料成型工程、材料设计科学与工程、智能材料与结构等专业。

3.科学技术的发展能够促进学科的分化与重组，进而对普通本科院校专业设置变迁产生间接影响

现代科学技术的快速发展能够促进新兴学科的产生和边缘学科的崛起，进而促进普通本科院校学科和专业的分化与重组，其鲜明标志即是大量新兴学科、边缘学科、交叉学科和横向学科的出现。

以计算机技术的发展为例。20世纪末期受计算机技术快速发展的影响，普通本科院校涌现出了大量与计算机技术相关的专业，包括计算机科学与技术、软件工程、网络工程、信息安全、物联网工程、数字媒体技术、智能科学与技术、空间信息与数字技术、电子与计算机工程、数据科学与大数据技术、网络空间安全、新媒体技术、服务科学与工程、虚拟现实技术、区块链工程等。

三、高校自身因素

高校，在这里特指设置本科学位的各级各类高校。自改革开放以来，

我国政府政策对普通本科专业设置的影响逐步从直接干预转向了宏观指导，从而赋予了高校自主设置本科专业的权利。

2001 年 10 月，我国教育部出台了《关于做好普通高等学校本科学科专业结构调整工作的若干原则意见》，该文件中明确指出"下放专业设权"。这意味着我国高校可以自主设置专业，并且可以申请设置本科目录之外的新专业。这一政策极大地鼓励了高校进一步拓宽专业口径，灵活设置专业。

2002 年，教育部授予了北京大学、清华大学、北京师范大学、中国政法大学、浙江大学、上海交通大学、武汉大学等 7 所高校本科专业设置权，鼓励这些学校自主设置专业。之后，2012 年，我国教育部发布《普通高等学校本科专业目录（2012 年）》的同时，颁布了《普通高等学校本科专业设置管理规定》。《普通高等学校本科专业设置管理规定》中明确了除国家控制布点的专业之外，高校在设置普通本科专业目录时，采用备案的方式即可，仅在设置尚未被列入专业目录的新专业时需要教育部审批，其他高校本科专业的设置不再需要教育部进行审批。自此，我国高校获得了专业设置的自主权。作为高校专业设置的主体之一，高校自身对普通本科院校专业设置变迁起着极其关键的影响作用。

（一）高校校长的办学理念影响普通本科院校专业设置变迁

高校校长作为高校的掌舵者，其办学理念直接影响高校的专业设置。高校校长通常基于对社会经济和科技发展趋势的深刻洞察和领悟来确定本校学科发展的重点、发展方向以及专业设置。

如果高校校长的办学理念更偏向人文学科，则该校的学科和专业设置也会更加偏向人文学科。相反，如果高校校长的办学理念偏向自然科学，则该校的学科和专业设置则会呈现出突出自然科学专业的特点。

（二）高校的性质和综合实力影响普通本科院校专业设置变迁

高校的性质对本科专业设置有着较大的影响。例如，工科院校的专业设置一般更加偏向工科，而人文学科专业数量则相对较少。又如，艺术专门学校的专业设置通常更加偏向艺术，而其他学科专业设置则相对较少。

以中央音乐学院 2022 年本科专业设置为例。该校设置了作曲系、音乐学系、指挥系、钢琴系、管弦系、民乐系、声乐歌剧系、音乐人工智能与音乐信息科技系、音乐教育学院、提琴制作研究中心、人文学部、附属中等音乐学校、现代远程音乐教育学院、继续教育学院、鼓浪屿钢琴学校等教学院系和教育部人文社会科学重点研究基地——音乐学研究所等机构，设立了音乐教育、电子音乐作曲、电子音乐制作、音乐录音、音乐治疗、提琴制作、视唱练耳、作曲、音乐学、艺术管理、钢琴、手风琴、电子管风琴、管弦、古典吉他等专业。这些专业大多属于艺术学科。由此可见，高校的性质对该校本科专业的设置有着极为重要的影响。

除此之外，高校的综合实力也对本科专业设置起着举足轻重的影响作用。例如，一些高精尖专业的设置，不仅需要高校建立专门的实验室、购买专门的实验器材，还需要其引进专门的人才。这些均对高校的综合实力提出了较大挑战。一般而言，综合实力较强的高校在专业设置和专业建设中能够投入更多的人力和物力，使其专业设置更加面向未来。

综上所述，普通本科院校专业设置变迁的影响因素与普通本科院校专业设置主体之间存在密切关系。政府、社会和高校作为普通本科院校专业设置的主体，其各方面的因素对普通本科院校专业设置变迁起着不容忽视的影响作用。

第二节　普通本科院校专业设置变迁的特征

纵观 1949 年以来普通本科院校专业设置的多次变迁，呈现出一些典型特征。本节主要对这些典型特征进行详细分析。

一、普通本科院校专业设置变迁的三阶段特征

中华人民共和国成立以来，我国普通本科院校专业目录设置经历了多次修订与变迁，这些变迁根据不同标准可以划分为多个阶段。其中，根据普通本科院校在专业设置中的自主权进行划分，可以划分为两个阶段；根据目录划分理念则可以划分为三个阶段。以下主要对普通本科院校专业设置变迁的三阶段特征进行详细分析。

（一）第一阶段：20 世纪 50 年代，以行业部门为普通本科院校专业划分依据

1954 年发布的《高等学校专业目录分类设置（草案）》以行业部门作为包括普通本科院校在内的所有高等学校专业划分的依据，共设置 257 个专业。

《高等学校专业目录分类设置（草案）》中将高等学校专业目录划分为 11 个类别，分别为工业部门、建筑部门、运输部门、农业部门、财政经济部门、保健部门、教育部门、艺术部门、林业部门、法律部门和体育部门。各部门下设的专业均为社会现实中存在的职业。例如，农业部门下设的农学类、畜牧兽医类、水产类、农业技术类，这四个类别即对应社会现实农业生产中四种职能部门。其中，农学类下设的农学、果树蔬菜、土壤肥料、农业药剂、植物保护、茶叶、蚕桑等专业均为当时我国农业生产中涉及的版块。

1955 年 7 月，我国教育部门发布了《关于 1955—1957 年高等学校院系调整有关事项的通知》，其中强调高等教育建设必须符合社会主义建设及国防建设的要求，并同国民经济发展计划相配合。此外，该文件中着重指出高等工业学校应逐步和工业基地相结合。为了落实该文件的精神，我国有关部门于 1955—1957 年间对高等学校进行了新建和扩建，相应地，对包括普通本科院校在内的所有高等学校的专业设置进行了调整。1957 年，调整后的高等学校专业总数为 323 种（表 3-5）。

表3-5 1957年高等学校专业划分一览表

单位：种

科目	工科	理科	农科	林科	医科	师范	文科	财经	政法	体育	艺术	总计
数量	183	21	18	9	7	21	26	12	2	2	22	323

从上表中可以看出，1957 年高等学校专业目录仍然坚持基于社会现实中的行业或职业进行划分的方法，并且增加了大量工科专业。

20 世纪 50 年代，以行业部门作为普通本科院校专业划分的依据是由当时特殊的原因造成的，是历史的必然选择。由于 20 世纪 50 年代我国高等教育的规模相对较小，所培养的各专业本科生总数量相对较少，同时由于我国 20 世纪 50 年代特殊国情和国内外环境的影响，实际依照行业部门的性质对专业进行划分，有利于培养各行业和领域急需的人才。高等学校专业目录的这种划分依据，在一定程度上适应了社会的需要。

以行业部门作为普通本科院校专业划分的依据，虽然能够达到较快培养各行业领域专门人才的目的，但也存在专业针对性强、适应面窄的问题。由于社会经济的发展和社会进步，以行业和职业作为高校专业划分依据的做法，逐渐无法适应我国高等教育的发展和社会对人才的需求。

（二）第二阶段：20 世纪 60—80 年代，以"学科＋行业部门"为普通本科院校专业划分依据

1.20 世纪 60 年代高校专业设置依据和特点

20 世纪 60 年代，由于社会经济的发展，我国教育部门逐渐认识到了单纯以行业部门作为高校专业划分依据的局限性。1963 年发布的《高等学校通用专业目录》与《高等学校绝密和机密专业目录》，摒弃了 20 世纪 50 年代高校专业目录分类中以行业部门作为划分依据的做法，而是采用了"学科＋行业部门"的专业划分依据，开启了我国专业与学科分开发展的新时期。

1963 年，原国家计划委员会、教育部发布的《关于修订"高等学校通用专业目录"和"高等学校绝密、机密专业目录"的报告》指出，高等学校专业目录是高等学校为国家培养各种专门人才的分类目录，是高等学校专业设置的重要依据，并提出"宽窄并存，以宽为主"的专业目录修订原则，适当调整了专业的业务范围。

以"学科＋行业部门"作为包括普通本科学校在内的所有高等学校的专业划分依据，既兼顾了学科性质，又能够较为精准地培养社会所需要的行业人才。其鲜明表现为 1963 年发布的《高等学校通用专业目录》不再以"部门"作为专业划分标准，设立了工科、农科、林科、卫生、师范、文科、理科、财经、政法、体育和艺术等类别。其中，工科、农科、林科、文科、理科等是从学科视角进行的分类，而卫生、师范、财经、政法、体育是从行业部门角度考虑进行的分类。

各部门下设的具体专业也体现出鲜明的"学科＋行业部门"的专业划分特点。以农科部分下设的专业为例。1963 年版《高等学校通用专业目录》

中农科部分下设 26 个专业。其中，农学、植物保护、农业经济等是以学科作为依据划分的专业，而热带作物栽培、作物遗传选种和培育、农业昆虫、果树、蔬菜、茶叶、桑蚕等是以部门生产作为依据划分的专业。

《关于修订"高等学校通用专业目录"和"高等学校绝密、机密专业目录"的报告》中还对每年各专业的招生人数和同一高校的专业总量进行了限制，将一些发展尚不成熟的专业以试办专业的形式放在目录中。这些试办专业也存在"学科＋行业部门"的专业划分特点。

以工科试办专业为例。

1963 年版《高等学校通用专业目录》工科试办专业中的高分子材料成型加工设备等以学科作为专业划分依据，而绝缘材料与器件、磁性材料与器件、树脂及涂料工学、塑料及塑料制品工学、罐头食品工学、港口电气设备、远洋运输业务、公路运输管理、市内通信设备、长途通信设备等是以行业部门为依据进行了专业分类。

从 1963 年版《高等学校通用专业目录》来看，尽管在专业设置过程中采用了"宽窄并存，以宽为主"的修订原则，但该目录中的专业分类依然存在专业划分过于细致、专业面较狭窄的情况。

2. 20 世纪 80 年代高校专业设置依据和特点

进入 20 世纪 80 年代后，我国教育部组织了大规模的本科专业目录修订工作，陆续发布了工科本科、农科本科、医药本科、理科本科、社会科学本科、师范教学本科、体育本科等专业目录。纵观 20 世纪 80 年代我国本科专业目录仍然以"学科＋行业部门"作为划分依据，但与 1963 年版的《高等学校通用专业目录》相比，提升了本科专业划分依据中学科的地位。

以 1984 年 6 月颁布的《高等学校工科本科专业目录》为例。

该目录与 1963 年版《高等学校通用专业目录》相比，在工科学科下设了 21 个一级学科目录，包括地质类、矿业类、冶金类、材料类、机械类、仪器仪表类、热工类、电气类、电子类、通信类、土建类、水利类、测绘类、环境类、化工类、轻工粮食与食品类、纺织类、运输类、原子能类、管理工程类、应用理科及力学类等。从一级学科目录设置即可看出地质类、机械类、电气类、测绘类、运输类、力学类等的划分大多以学科作为依据，而具体也存在纺织机械、印刷机械、食品机械、农业机械、矿业机械、冶金机械等以行业部门作为依据划分的专业。

（三）第三阶段：20世纪90年代后，以学科为普通本科院校专业划分依据

以"学科+行业部门"为依据对本科专业目录进行划分既有一定的优势，又存在划分过细等不足。1993年版和1998年版、2012年版的《普通高等学校本科专业目录》中，以学科作为普通本科院校专业划分的依据。

以学科作为普通本科院校专业划分的依据，使得普通本科院校的专业划分与科学技术和社会经济发展之间的关系更加密切，同时有利于国家借助政策对本科院校的专业设置进行调控。

1993年版《普通高等学校本科专业目录》设置了10个学科，即哲学、经济学、法学、教育学、文学、历史学、理学、工学、农学、医学，1998年版、2012年版的《普通高等学校本科专业目录》在此基础上增加了管理学和艺术学两个学科。

除了学科分类之外，一级学科和二级学科也体现出以学科作为划分依据的特点。例如，2012年版的《普通高等学校本科专业目录》经济学下设二级学科经济学类、财政学类、金融学类、经济与贸易类，这种分类方法即属于学科划分方法。

从以行业部门作为学科和专业划分依据，到以"学科+行业部门"作为划分依据，再到以学科作为划分依据，我国普通本科院校专业设置变迁发展经历了三个阶段，总体呈现出三阶段特征。普通本科院校专业设置的三阶段特征反映了我国普通本科院校专业设置逐渐发展并走向成熟的特点。

二、普通本科院校专业设置变迁的曲线性特征

除了三阶段特征之外，纵观我国普通本科院校的专业设置变迁，其还表现出曲线性发展的特征。这里的曲线性特征主要指普通本科院校专业数量呈现出的曲线性变化。

从1954年《高等学校专业目录分类设置（草案）》至今，我国普通本科专业目录设置经历了多次变迁，从专业的数量上来看，其呈现出"多—少—多"的曲线性变化特点。

（一）普通本科院校专业数量的变化

1954 年《高等学校专业目录分类设置（草案）》中的专业总数为 257，1963 年版的《高等学校通用专业目录》中的专业总数为 627，较 1954 年大大增加。20 世纪 80 年代，我国普通本科专业的数量呈现出持续上涨的趋势。20 世纪 80 年代，普通本科各学科专业总数量达到 671，仅从国家发布的本科专业目录文件来看，达到历史峰值。

进入 20 世纪 90 年代后，普通本科院校专业设置开始以"学科"为依据，专业数量也发生了较大变化，开始呈现出减少的趋势。例如，1993 年版《普通高等学校本科专业目录》中的专业总数为 504，1998 年版《普通高等学校本科专业目录》中的专业总数为 249。

进入 21 世纪后，新专业逐渐出现，我国普通本科院校专业数量呈现出上涨的趋势。2012 年版的《普通高等学校本科专业目录》中的专业总数为 506。近年来，普通本科院校专业目录每年都在原有基础上进行调整，既有新增专业，也有撤销专业，其中新增专业的数量相对较多（表3-6）。

表3-6 普通本科院校专业数量变化一览表

年份	1954	1963	1984—1988	1993	1998	2012
数量	257	627	671	504	249	506

普通本科院校专业数量的曲线性变化是我国普通本科院校专业设置理念和依据的反映。

以 1963 年版的《高等学校通用专业目录》为例。1963 年版的《高等学校通用专业目录》采用了"学科＋行业部门"的专业划分方法，体现出较深的行业部门印记，其中许多专业以社会实际生产生活中的行业部门作为设置依据，呈现出专业划分过细的情况。而 1998 年版的《普通高等学校本科专业目录》完全以学科作为专业划分依据，其专业数量较以往大量减少。

普通本科院校专业目录数量的曲线变化还反映出了社会的发展和社会市场对人才的需求。进入 20 世纪 90 年代后，由于中国特色市场经济的建立和深化发展，普通本科院校专业目录设置受社会因素和市场因素的影响越来越显著。社会科技和经济的发展促使大量新专业出现，对普通本科院校专业数量的上升有着直接影响。

（二）普通本科院校专业目录对高校设置专业数量的调节

纵观 1949 年以来，我国普通本科院校专业目录的每一次变化，均对下一次专业目录的设置起着较强的指导作用。

20 世纪五六十年代，我国普通本科院校专业目录确定了以"行业部门"或"学科 + 行业部门"为专业设置标准，在相关文件发布后，历年本科专业数量设置均呈现出上涨趋势。尽管 1963 年版的《高等学校通用专业目录》在设置之初提出了纠正专业划分过细问题的要求，然而在实际专业设置中专业数量仍持续增长，且增长幅度较大。

1954 年全国高等院校设置的专业总数量为 257，1963 年增长至 627 种，呈现出成倍增长的特点。改革开放前，包括普通本科院校在内的全国高等院校的专业总数量超过 800，呈现出直线上升的趋势。

20 世纪八九十年代，我国普通本科院校专业目录设置以学科作为划分依据，除了 1998 年版《普通高等学校本科专业目录》中专业总数量相对较少之外，历年专业设置数量变化不大，呈现出相对稳定的发展趋势。

进入 21 世纪后，由于我国高等教育扩招，以及社会科技和经济的快速发展，2012 年版的《普通高等学校本科专业目录》的专业设置总数量呈现出增长趋势。而自 2012 年以来，由于新专业的设置，我国普通高等学校本科专业总数量呈现出相对缓慢增长的趋势。《普通高等学校本科专业目录（2020 年版）》中的专业总数量为 703，2021 年在《普通高等学校本科专业目录（2020 年版）》的基础上新增加了 37 个专业。

综上所述，我国普通高等院校的专业总数量的曲线性变化，既反映出普通本科院校专业目录设置理念的变化，又反映出普通高等院校专业目录对高校设置专业数量的调节。每一次普通高等院校本科专业目录的发布，均促使专业目录朝着更加规范和科学的方向发展，体现出顺应社会发展趋势的总特点。

第三节 普通本科院校专业设置变迁的规律

1949 年以来，我国普通本科院校专业设置变迁呈现出一定的规律性，主要表现在两个方面。

一、受社会制度变迁影响规律

社会制度变迁在这里主要指我国教育制度的变迁，尤其是高等教育制度的变迁，对普通本科院校专业设置有着直接的影响，体现出普通本科院校专业设置受社会制度变迁影响较大的特点。由于社会教育制度对普通本科院校专业设置变迁的影响在上文已多次提及，这里不再赘述。

二、以社会需求为导向的规律

社会需求在这里特指社会人才需求，现阶段以及今后一段时期内社会劳动力市场对人才的需求，是基于社会发展对劳动力等的要求而产生的需要。在社会发展的不同阶段，社会对人才的需求也不尽相同。社会需求与普通本科专业设置之间存在密切联系。一方面，社会需求为普通本科专业设置的发展奠定了不可或缺的物质基础；另一方面，社会需求对普通本科专业设置的内容和教育方法有着极其重要的影响。此外，社会需求还会对普通本科专业设置的规模和发展速度、发展结构产生影响。

1949 年以来，我国普通本科院校专业设置变迁呈现出较为鲜明的以社会需求为导向的规律。

20 世纪五六十年代，中华人民共和国成立初期，国内社会经济各方面百废待兴，为了尽快恢复社会生产，培养社会建设所需要的各行各业建设人才，1954 年发布的《高等学校专业目录分类设置（草案）》采取了以行业部门作为依据的专业划分方式。这种专业划分体现出鲜明的社会需求导向。尽管以行业部门作为专业划分依据易造成专业划分过细、专业人才知识面狭窄的倾向，所培养的多为专业领域的人才，然而这种以社会需求作为导向的专业设置，能够在短时间内为社会各行业和领域输送大量人才，有效缓解中华人民共和国成立初期社会各行业建设人才不足的局面，符合我国当时的国情和社会需求，快速推动了社会的发展。

1963 年，面对特殊的社会环境，为了满足社会需求，采用了"学科 + 行业部门"的专业划分方式，在延续 1954 年《高等学校专业目录分类设置（草案）》以行业部门为划分依据的基础上，增加了"学科"依据，然而为了满足当时社会的需要，仍然以行业部门为主要划分依据。

改革开放后，受我国经济体制改革，以及社会科技和经济快速发展的影响，社会需求对本科院校专业设置的影响更加鲜明。我国政府政策对本科专业设置的影响从具体指导朝着宏观调控方向发展，社会因素和高校自身因素对普通本科专业设置的影响越来越大。尤其是自 20 世纪 90 年代末开始，随着社会市场经济的持续深化，以及中国高等教育进入大众化发展阶段，社会需求持续在本科院校专业设置中发挥重要影响作用。

自 1998 年《中华人民共和国高等教育法》颁布和实施之后，高校作为办学主体，被赋予了自主设置和调整专业的权力。根据《普通高等学校本科专业设置管理规定》，对高校专业调整的流程和新增专业设置提出了明确的规范。高校普通本科专业设置除了在国家统一规定的本科专业目录之内选择之外，还可以增设专业目录之外的新专业。这些政策极大地推动了高校自主设置专业的积极性。由于我国高等教育从大众化朝着普及化方向发展，我国普通本科专业设置受社会需求的影响主要体现在市场机制对普通本科专业设置的影响方面。

中国高等教育进入社会大众化阶段和普及阶段以来，我国普通本科院校毕业生的数量呈现出持续上升的趋势。近年来，我国高校毕业生人数不断攀升，2021 年全国毕业生总数为 909 万人，2022 年毕业生总数进一步增加，未来一段时间内，我国高校毕业生总人数仍将呈现出逐年攀升的趋势。高等教育的快速发展，为社会培养了大量适用型人才，促进了社会市场经济的发展，而社会市场经济的发展又为高校毕业生提供了丰富的就业选择。

受社会市场经济机制的影响，当社会市场对某专业人才的需求旺盛时，普通本科院校该专业人才在社会上就业时则易被市场青睐。相反，当社会市场对某专业人才的需求呈现出下降趋势时，普通本科院校该专业人才即不容易在人才市场获得青睐。普通本科毕业生的就业状况反映了社会市场对人才的需求。社会市场对某专业人才的需求，能够影响普通本科院校该专业人才的招生就业，从而促进各大高校积极遵循市场机制对专业设置进行调整。从这一视角来看，市场机制对普通本科院校的专业设置有一定的反馈作用。

值得注意的是，除了市场机制外，普通本科院校的专业设置和调整还需要遵循国家战略要求、区域经济社会和产业发展要求。

第四章　新时代普通本科院校专业设置的背景、机遇与挑战

第一节　新时代普通本科院校专业设置的背景

近年来，由于我国科学技术的快速发展，以及社会各项改革的持续深化，我国普通本科院校专业设置的背景发生了较大变化。本节主要对新时代普通本科院校专业设置的背景进行详细分析。

一、互联网信息技术快速发展

科学技术是第一生产力，社会科学技术的发展是影响普通本科院校专业设置的重要因素之一。新时代，互联网信息技术的新发展对普通本科院校的专业设置产生了巨大影响。

互联网，又称因特网，是以网络协议或其他协议为基础、通过独一的地址逻辑、由众多网络相互连接而成的全球性信息系统。

第二次世界大战后，随着美苏军备竞赛兴起，核能、电子计算、生物、材料、空间技术等多个尖端前沿科技领域迅速发展，引发了当代高科技革命。

计算机技术自初创至今已经历了多个发展阶段，互联网与计算机技术的发展紧密相连，起源于计算机技术的第三个发展阶段。20世纪60年代末，美国出于军事目的，开发了一个新型的计算机网络，即阿帕网，其主要特点是，通过一个网络将美国的四个大学实验室连接起来，为互联网的前身。这一技术的开发，为人类的信息传播文明做出了重大贡献。20世纪80年代互联网技术迅速发展，并确定TCP/IP协议为全球共同遵守的网络传输控制协议。1991年互联网正式应用于商业，接下来短短数十年中迅速在全球崛起，而且以计算机和互联网为代表的信息技术革命，至今仍在影响着人类社会精神和物质文明。

互联网在中国起步于1987年。1987年随着第一封电子邮件的发出，中国正式拉开了使用互联网的序幕，短短三十余年间，中国的互联网取得了突飞猛进的发展。

进入 21 世纪后，尤其是新时代以来，以互联网信息技术为代表的新一轮科技和产业革命正呈现出加速趋势，对世界各国的经济、政治、社会、文化等各个领域产生了深刻影响。其中，新技术革命的发展、数字经济的兴起对我国就业环境的影响最为鲜明。

从总体上来看，互联网信息技术对普通本科院校专业设置的影响主要表现在以下三个方面。

（一）互联网信息技术对普通本科院校专业设置的背景产生了深刻影响

互联网信息技术的发展直接推动了我国信息产业的发展。信息产业是集资本、技术、知识于一身的产业，属于第三产业。同时，互联网信息技术还对我国传统的第一产业、第二产业和第三产业产生了深刻影响，有效推动了我国产业结构的全面升级。产业升级推动我国新产业、新业态和新商业模式迅速发展与变革，促使新技术、新产品和新服务不断涌现，对劳动力市场产生了深刻影响。

现阶段，5G 技术、人工智能技术、大数据技术持续发展，进一步推动了科技革命的发展，同时以这些技术为支撑的高科技企业迅速崛起，极大地推动了我国产业结构的变革，对普通本科院校毕业生就业数量和质量产生了深刻影响，从而影响了普通本科院校专业设置的背景，影响了普通本科院校具体专业设置。

（二）互联网信息技术对普通本科院校专业设置的内容产生了深刻影响

互联网信息技术的发展推动社会信息经济快速发展。由于互联网信息技术具有传播迅速、即时、远距离传播、双向互动等特点，借助互联网信息技术，劳动者可以实现远距离办公。互联网信息技术对劳动方式产生了颠覆性革新作用，进而促使社会上大量新职业和新就业形态得以产生。社会新职业的产生与发展会诱发相应专业人才需求，从而对普通本科院校专业设置的内容产生深刻影响。

自 2015 年《中华人民共和国职业分类大典（2015 年版）》颁布以来，

截至2022年6月30日，中华人民共和国人力资源和社会保障部已发布了五批新职业（表4-1）。

表4-1 2015年以来国家公布的新职业一览表

第一批	第二批	第三批	第四批	第五批
1. 人工智能工程技术人员 2. 物联网工程技术人员 3. 大数据工程技术人员 4. 云计算工程技术人员 5. 数字化管理师 6. 建筑信息模型技术员 7. 电子竞技运营师 8. 电子竞技员 9. 无人机驾驶员 10. 农业经理人 11. 物联网安装调试员 12. 工业机器人系统操作员 13. 工业机器人系统运维员	1. 智能制造工程技术人员 2. 工业互联网工程技术人员 3. 虚拟现实工程技术人员 4. 连锁经营管理师 5. 供应链管理师 6. 网约配送员 7. 人工智能训练师 8. 电气电子产品环保检测员 9. 全媒体运营师 10. 健康照护师 11. 呼吸治疗师 12. 出生缺陷防控咨询师 13. 康复辅助技术咨询师 14. 无人机装调检修工 15. 铁路综合维修工 16. 装配式建筑施工员	1. 区块链工程技术人员 2. 城市管理网格员 3. 互联网营销师 4. 信息安全测试员 5. 区块链应用操作员 6. 在线学习服务师 7. 社群健康助理员 8. 老年人能力评估师 9. 增材制造设备操作员	1. 集成电路工程技术人员 2. 企业合规师 3. 公司金融顾问 4. 易货师 5. 二手车经纪人 6. 汽车救援员 7. 调饮师 8. 食品安全管理师 9. 服务机器人应用技术员 10. 电子数据取证分析师 11. 职业培训师 12. 密码技术应用员 13. 建筑幕墙设计师 14. 碳排放管理员 15. 管廊运维员 16. 酒体设计师 17. 智能硬件装调员 18. 工业视觉系统运维员	1. 机器人工程技术人员 2. 增材制造工程技术人员 3. 数据安全工程技术人员 4. 退役军人事务员 5. 数字化解决方案设计师 6. 数据库运行管理员 7. 信息系统适配验证师 8. 数字孪生应用技术员 9. 商务数据分析师 10. 碳汇计量评估师 11. 建筑节能减排咨询师 12. 综合能源服务员 13. 家庭教育指导师 14. 研学旅行指导师 15. 民宿管家 16. 农业数字化技术员 17. 煤提质工 18. 城市轨道交通检修工

新职业反映了社会市场对专业人才的需求，能够对普通本科院校的专业设置起到直接的影响作用。以机器人工程技术人员为例。机器人工程技术人员是从事机器人结构、控制、感知技术和集成机器人系统及产品研究、设计的工程技术人员，其所对应的普通本科专业为机器人工程。

二、社会产业结构调整与深化改革

社会产业结构是决定经济增长方式的重要因素，是衡量经济发展水平和体现国民经济整体素质的重要标志。纵观人类历史的发展，每一次产业革命均会引发社会产业结构的变迁，推动经济大幅发展（表4-2）。

表4-2　社会产业结构调整对市场人才需求的影响一览表

序号	产业革命阶段	行业影响	所需人才
1	以蒸汽机、冶金炼钢为代表技术的第一次产业革命	出现了以蒸汽机为动力的近代工厂	降低对人的力量、技术的要求，扩大了就业人群的范围，出现了童工
2	以电力、内燃机、汽车发明和铁路大发展为代表技术的第二次产业革命	出现了以电力、内燃机为动力的汽车、火车	对劳动力的体力要求进一步下降，大量女性参与社会生产，知识工人成为就业代表人群
3	以原子能、计算机技术为主要科技成果的第三次产业革命	出现了以原子能为能源的各项产业，以及计算机相关产业	知识技能成为就业的重要门槛
4	以大数据技术、AI技术等为主要技术成果的数字经济时代	出现了以大数据技术、AI技术等为支撑的数字企业和专业	掌握特定专业技能，具备机器智能无法取代的人际交互、创造性等素质的就业人群成为社会急需的人才

改革开放后，为了适应我国经济的发展，我国有关部门开始对社会产业结构进行调整。进入21世纪后，国内外社会经济出现了新发展，我国产业结构调整进入新的阶段。2016年以来，随着中国经济发展方式的改变，我国产业结构调整又迈入了新的阶段，进入深度调整和深化改革阶段。

随着我国社会产业结构的调整与升级，我国经济的增长方式发生了较大变化，人力资源作为社会主要资源，在社会经济发展过程中的比重越来越大，地位愈加突出。

就我国的产业结构发展来看，20世纪五六十年代，我国产业结构主要以第一产业和第二产业为主，反映在 20 世纪五六十年代出台和发布的高等学校专业设置中，体现出以农林科和工科为主的特点，尤其是工科专业的数量占据了绝对优势。1954 年的《高等学校专业目录分类设置（草案）》中工业部门的专业达 106 个，占所有专业的 41.2%。

进入 21 世纪后，《普通高等学校本科专业目录（2020 年版）》中工学专业数量更多，然而其在所有专业中的占比则相对下降。新增加的 63 个工科专业大多涉及机械类、材料类、能源动力类、电气类、电子信息类、自动化类、计算机类、土木类、化工与制药类、地质类、纺织类、轻工类、交通运输类、海洋工程类、航空航天类、兵器类、农业工程类、生物医药工程类、食品科学与工程类、建筑类、安全科学与工程类、生物工程类、公安技术类等一级学科，绝大多数属于适应产业结构调整的专业。

除了工科专业之外，《普通高等学校本科专业目录（2020 年版）》中的经济学、法学、教育学、文学、历史学、医学、管理学和艺术学等学科门类还新增加了许多专业，这些专业所培养的学生毕业后所从事的多为社会服务类工作，多属于第三产业范畴。

三、普通本科院校形象传播进入新时代

近年来，由于新媒体时代的到来，我国普通本科院校的形象传播进入新时代。

新媒体是随着数字信息技术而发展起来的有别于传统媒体的新型媒体。新媒体是指利用数字技术，通过互联网、无线通信网等渠道，以电脑、手机和电视为终端，向用户提供音频、视频、语音数据服务、远程教育、在线游戏等集成信息和娱乐服务的一种传播形式。[①]

新媒体的"新"一方面表现在新技术方面。新媒体是以网络技术、数字技术和移动通信技术为依托发展起来的。随着科学技术突飞猛进的发展，网络技术逐渐从 Web1.0 技术进入 Web4.0 技术时代。新媒体的"新"另一方面表现在形式方面。网络技术的发展为新媒体形式的改变奠定了重要基础。新媒体的传播依托于新技术，可以实现在线传播，无论是传播范围、

---

① 黄志华. 形象思维的延展：全媒体时代广告创意探蠡 [M]. 成都：电子科技大学出版社，2018：181.

传播时效还是传播信息量均颠覆了传统媒体形式。

从新媒体的概念、特点来看，新媒体时代颠覆了传统媒体时代的传播方式，改变了传统大众媒体时代媒体与公众的关系，媒体不再是唯一的信息发布和传播者，公众随时随地可以借助新媒体传播方式发布各种信息。新媒体时代为高校形象的建立、传播和维护提供了更多机遇。

新媒体时代，公众获取信息的方式更加便利，人们对普通本科院校专业设置更加关注。一旦普通本科院校的专业被教育部等有关部门提出警示，则会对该校相关专业的人才就业等产生重要影响，进而反过来影响普通本科院校的专业设置。

第二节　新时代普通本科院校专业设置的新机遇

新时代普通本科院校专业设置在新的背景下，面临着一系列新机遇。本节主要对新时代普通本科院校专业设置的新机遇进行详细分析。

一、普通本科院校专业设置的自主权进一步扩大

高校作为本科专业设置的主体之一，对本科专业的设置有着较大影响。我国普通本科院校的专业设置权呈现出随着我国高等教育改革逐渐扩大和发展的特点。

1999 年，我国教育部等有关部门发布的《中华人民共和国高等教育法》中明确提出：落实高校自主设置和调整权。

2002 年，我国北京大学、清华大学、北京师范大学、上海交通大学、浙江大学、武汉大学等 6 所高校获得了本科专业设置的自主权。

2010 年发布的《国家中长期教育改革和发展规划纲要（2010—2020 年）》中指出"落实和扩大高校办学自主权"，其中即强调了高校"自主设置和调整学科、专业"等内容。

2012 年发布的《普通高等学校本科专业设置管理规定》中明确指出，自 2013 年起，高校可以根据专业目录自行设置本科专业，也可以申请设置

尚未列入目录的新专业。

2017 年教育部等五部门联合印发了《关于深化高等教育领域简政放权放管结合优化服务改革的若干意见》，其中指出高校要坚持正确办学方向和教育法律规定的基本制度，依法依章程行使自主权。

2017 年之后，我国各省市自治区纷纷出台有关政策，进一步落实和扩大高校的办学自主权。高校本科专业设置为高校办学自主权的重要体现，因此高校本科专业设置的自主权进一步扩大。

普通本科院校专业设置自主权的进一步扩大有利于普通本科院校立足国家政策、人才市场以及本校资源特色的需要，不断完善和发展本校的特色专业，做大做强优势专业，突出高校特色。

以北京大学为例。北京大学为我国最早拥有本科专业设置自主权的高校之一，自 2014 年以来，北京大学充分利用本科专业设置的自主权，不断优化本校专业设置，增设了许多新专业（表 4-3）。

表4-3　北京大学2013年以来新增专业一览表

年份	新增设本科专业	代码	学位	年限
2013	文物保护技术	060105T	历史学	四年
2014	通信工程	080703	工学	四年
2014	智能科学与技术	080907T	理学	四年
2015	数据科学与大数据技术	080910T	理学	四年
2016	能源与环境系统工程	080502T	工学	四年
2016	整合科学	071005T	理学	四年
2017	人类学	030303T	法学	四年
2018	马克思主义理论	030504T	法学	四年
2018	电子信息工程	080701	理学	四年
2018	机器人工程	080803T	工学	四年
2019	生物信息学	071003	工学，理学	四年
2019	大数据管理与应用	120108T	管理学	四年
2020	意大利语	050238	文学	四年
2020	医学影像技术	101003	理学	四年
2021	人工智能	080717T	工学	四年

从上表中可以看出，北京大学自 2012 年以来增设的专业所涉及的学科较多，包括工学、管理学、文学、理学等，且有所交叉。例如，生物信息学专业旨在培养具有扎实生物学知识又掌握计算机科学技能，同时能够胜任生物大数据管理与开发利用工作的复合型"双栖"人才，该专业属于一门交叉科学专业，该专业学生可获得工学或理学学位。

清华大学 2013 年以来新增本科专业如下表 4-4 所示。

表4-4 清华大学2013年以来新增本科专业一览表

年份	新增设本科专业	代码	学位	年限
2013	国际政治	030202	法学	二年
	社会学	030301	法学	二年
	心理学	071101	理学	二年
	数字媒体艺术	130508	艺术学	二年
	艺术史论	130101	艺术学	四年
	动画	130310	艺术学	四年
	摄影	130404	艺术学	四年
	中国画	130406T	艺术学	四年
	公共艺术	130506	艺术学	四年
	工艺美术	130507	艺术学	四年
	数字媒体艺术	130508	艺术学	四年
	艺术与科技	130509T	艺术学	四年
2014	陶瓷艺术设计	130510TK	艺术学	四年
2015	水利科学与工程	081105T	工学	四年
	哲学	010101	哲学	二年
	金融学	020301K	经济学	二年
	政治学与行政学	030201	法学	四年
	汉语言文学	050101	文学	二年
	历史学	060101	历史学	二年
2016	交通工程	081802	工学	四年
	风景园林	082803	工学	四年
	行政管理	120402	管理学	二年
	政治学与行政学	030201	法学	二年
2017 年	政治学、经济学与哲学	030205T	法学	四年
	机械工程	080201	工学	二年
	产品设计	130504	艺术学	二年
	交通工程	081802	工学	二年

续　表

年份	新增设本科专业	代码	学位	年限
2018	土木、水利与海洋工程	081009T	工学	四年
	药学	100701	理学	二年
2019	化学工程与工业生物工程	081305T	工学	二年
	核工程与核技术	082201	工学	二年
2020	统计学	071201	理学	四年
	理论与应用力学	080101	理学	四年
	马克思主义理论	030504T	法学	四年
	人工智能	080717T	工学	四年

从上表中可以看出，清华大学历年新增专业多为工学、理学、法学和艺术学科下设的专业，所增设的专业更趋向最新的科学研究方向。例如，人工智能专业设立在我国人工智能技术迅猛发展的基础上，体现了清华大学人才培养与社会和市场同步的特点。

近年来，由于我国普通本科院校专业设置自主权进一步扩大，越来越多的本科院校开始充分利用高校的专业设置权反映和体现本校的学科方向和特点。例如，一些地方本科院校开始朝着应用型高校的方向转变，基于地方经济发展和地方人才市场导向，设立了大量具有地方特色的专业，只为在竞争激烈的环境中脱颖而出。

以河北省某工程大学为例。该校是由河北省人民政府与水利部共建的学校，以培养应用型人才为主。近年来，其所增设的机器人工程、地质工程等专业均体现出了较强的应用性特点，进而体现出了该高校特色应用型人才培养方向，树立了该校与众不同的形象。

二、普通本科院校专业设置的产业机遇

新时代，由于产业结构的不断调整与优化，普通本科院校专业设置更加趋于科学，体现了社会创新趋势。

以2021年发布的《中华人民共和国国民经济和社会发展第十四个五年规划和2035年远景目标纲要》（以下简称《"十四五"规划纲要》）为例。"十四五"时期是我国全面建成小康社会、实现第一个百年奋斗目标之后，乘势而上开启全面建设社会主义现代化国家新征程、向第二个百年奋斗目标进军的第一个五年。《"十四五"规划纲要》中指出要加快发展现代产业

体系，巩固壮大实体经济根基，具体包括进一步升级制造业，不断提升我国制造业的核心竞争力（包括高端新材料、重大技术装备、智能制造与机器人技术、航空发动机及燃气轮机、北斗产业化应用、新能源汽车和智能（网联）汽车、高端医疗装备和创新药、农业机械装备），大力发展和壮大战略性新兴产业（包括新一代信息技术、生物技术、新能源、新材料、高端装备、新能源汽车、绿色环保以及航空航天、海洋装备等），促进服务业的繁荣和升级换代（包括健康、养老、托育、文化、旅游、体育、物业等服务业），加强现代化基础设施建设（包括新型基础设施、交通强国建设工程、现代能源体系建设工程、国家水网骨干工程等）。

《"十四五"规划纲要》为我国未来的发展指明了方向，同时也为普通本科院校专业设置指明了方向，为普通本科院校打造和建设符合"十四五"规划发展的优势专业提供了良好机遇。

（一）数字产业发展为普通本科院校专业设置带来的机遇

近年来，国内外数字技术快速发展，我国数字经济蓬勃发展，产业规模持续快速增长。2012 年至 2021 年，中国数字经济规模从 11 万亿元增长到超 45 万亿元，数字经济占 GDP 比重由 21.6% 提升至 39.8%。"十四五"规划中明确指出，"十四五"期间应加快数字化发展，建设数字中国，着重发展云计算、大数据、物联网、工业互联网、区块链、人工智能、虚拟现实和增强现实等数字经济重点产业，推动我国数字经济快速发展，加快数字社会建设步伐。

中国数字经济飞速发展，进而促使数字经济就业规模快速扩大。2021 年中国信息通信研究院发布的《数字经济就业影响研究报告》提出，中国数字化人才缺口较大。数字经济的发展，以及数字经济产业规模的扩大对高校数字人才的培养提出了新的要求。我国高校十分注重数字人才的培养。

以西北地区的高校为例。近年来，西北开始大力发展数字经济，其中陕西省提出了"打造西部数字经济产业发展高地"的口号，预计到 2023 年全省数字经济核心产业增加值占地区生产总值比重超过 8%；到 2025 年全省数字经济核心产业增加值占地区生产总值比重超过 10%。为了与陕西等西北地区的数字经济发展趋势和发展目标相适应，西北地区的高校纷纷打造数字信息化等技术有关的专业，逐渐形成了一批区域性优势专业（表 4-5）。

表4-5　2017年以来部分西北地区高校新增数字技术相关专业一览表

年份	西安交通大学	西安电子科技大学	西北农林科技大学	陕西师范大学	兰州大学
2017	大数据管理与应用	—	—	—	数据科学与大数据技术
					数字媒体技术
2018	人工智能	智能医学工程	光电信息科学与工程	—	人工智能
		数字媒体技术			
		数据科学与大数据技术			
		人工智能			
2019	—	机器人工程	数据科学与大数据技术	人工智能	—
		大数据管理与应用			
2020	智能制造工程	网络空间安全	智慧农业	大数据管理与应用	—
	网络空间安全		智慧牧业科学与工程		
2021	能源互联网工程	—	智慧水利	—	—
			智慧林业		

纵观上表中西北部分高校近年来新增的数字技术相关的专业可以看出，西北每年均有多所大学增设与数字技术相关的专业，这些专业或代表着数字技术的发展趋势，或为数字技术与其他学科相结合形成的交叉学科和新专业。迄今为止，西安交通大学的信息与通信工程，西安电子科技大学的信息与通信工程、计算机科学与技术、电子科学与技术等已经成功发展为所在学校的重点学科，部分高校的数字技术相关的专业还跻身我国"双一流"建设工程，呈现出良好的发展趋势。

从西北地区高校数字技术相关专业的建设与发展可以看出我国产业调整和优化为普通本科院校专业设置带来了机遇。

（二）农业产业优化为普通本科专业设置带来的机遇

我国是传统农业大国，近年来，为了推动农业产业不断优化升级，我国普通本科院校陆续增设了多个农学专业。

《普通高等学校本科专业目录（2012年）》中的农学学科门类下设置了

植物生产类、自然保护与环境生态类、动物生产类、动物医学类、林学类、水产类、草学类等7个一级学科，包括农学、园艺、植物保护、植物科学与技术、种子科学与工程、设施农业科学与工程、农业资源与环境、野生动物与自然保护区管理、水土保持与荒漠化防治、动物科学、动物医学、动物药学、林学、园林、森林保护、水产养殖学、海洋渔业科学与技术、草业科学共18个二级学科。

《普通高等学校本科专业目录（2020年版）》中的农学学科门类下新增加了智慧农业、菌物科学与工程、农药化肥、生物质科学与工程、经济动物学、马业科学、实验动物学、中兽医学、经济林等专业。2021年《列入普通高等学校本科专业目录的新专业名单》中则又在农学学科门类下增加了湿地保护与恢复、智慧林业等专业。具体当中，各高校根据自身的师资队伍水平对本科专业设置进行调整。

以中国农业大学为例。中国农业大学近年来不仅新增了多个农学专业，还增加了多个与农学相关的交叉学科新专业，以满足我国农业产业优化对人才资源的需求（表4-6）。

表4-6　中国农业大学近年来新增农学专业一览表

年份	专业	代码	学位	年限
2021	酿酒工程	082705	工学	四年
	城乡规划	082802	工学	四年
2020	土地科学与技术	090205T	农学	四年
	兽医公共卫生	090406TK	农学	五年
2019	土地整治工程	082306T	工学	四年
	中兽医学	090405T	农学	四年
	农业智能装备工程	082307T	工学	四年
	生物质科学与工程	090204T	农学	四年

从中国农业大学近年来新增的农学专业来看，要么为农业科技类专业，如农业智能装备工程、生物质科学与工程等；要么为农业细分专业，如酿酒工程、兽医公共卫生、中兽医学，以及土地科学与技术、土地整治工程。这些专业中的生物质科学与工程、土地科学与技术等是交叉学科。这些新增专业均体现出了我国农业优化和升级的趋势，而从普通本科院校专业设

置视角来看，其反映出农业产业优化为普通本科专业设置带来了机遇。

（三）制造产业升级为普通本科专业设置带来的机遇

《"十四五"规划纲要》中指出，坚持把发展经济的着力点放在实体经济上，加快推进制造强国、质量强国建设，促进先进制造业和现代服务业深度融合，强化基础设施支撑引领作用，构建实体经济、科技创新、现代金融、人力资源协同发展的现代产业体系。

要想促进现代制造产业升级，就要加强制造产业的基础能力建设，不断提升现代制造产业链供应链的现代化水平，不断推动现代制造业优化升级，注重实施制造业降本减负活动等。《"十四五"规划纲要》中还列出了制造产业升级的主要技术，包括高端新材料、重大技术装备、智能制造与机器人技术、航空发动机及燃气轮机、北斗产业化应用、新能源汽车和智能（网联）汽车、高端医疗装备和创新药、农业机械装备。

我国制造产业对高校人才培养提出了一系列新的要求。近年来，我国普通本科院校的工科类专业中新增了大量与制造产业升级相适应的新专业。

以北京部分高校为例。北京地区部分高校近年来新增制造业新专业如下表4-7所示。

表4-7　北京地区部分高校近年来新增制造业新专业一览表

年份	学校	专业	代码	学位	年限
2018	北京科技大学	机器人工程	080803T	工学	四年
	北京化工大学	机器人工程	080803T	工学	四年
	中国矿业大学（北京）	机器人工程	080803T	工学	四年
	中国石油大学（北京）	新能源科学与工程	080503T	工学	四年
2019	北京化工大学	人工智能	080717T	工学	四年
	北京邮电大学	人工智能	080717T	工学	四年
		智能医学工程	101011T	工学	四年
	中国矿业大学（北京）	新能源科学与工程	080503T	工学	四年
	中国石油大学（北京）	人工智能	080717T	工学	四年
		机器人工程	080803T	工学	四年

续 表

年份	学校	专业	代码	学位	年限
2020	北京交通大学	机械工程	080201	工学	二年
		车辆工程	080207	工学	二年
		测控技术与仪器	080301	工学	二年
		能源与动力工程	080501	工学	二年
		工业工程	120701	工学	二年
		轨道交通信号与控制	080802T	工学	二年
		智能装备与系统	080806T	工学	二年
		铁道工程	081007T	工学	二年
	北京科技大学	储能科学与工程	080504T	工学	四年
	中国矿业大学(北京)	人工智能	080717T	工学	四年
		应急技术与管理	082902T	工学	四年

从上表中的数据可以看出，自 2018 年以来，北京许多高校，尤其是以理工科作为主要学科的高校新增加了大量与制造业升级相关的专业。

以中国石油大学（北京）为例。中国石油大学（北京）的前身为清华大学石油系，在此基础上吸收天津大学和北京大学等高校的部分师资，组建了北京石油学院，之后历经多次更名，属于理工类高校。自 2018 年以来，该校先后新增了智能科学与技术、新能源科学与工程、机械设计制造及其自动化、过程装备与控制工程、人工智能、机器人工程、能源与动力工程、安全工程、能源经济、储能科学与工程、能源化学工程、海洋油气工程等专业，这些专业几乎均为我国制造业升级而培养相应的人才。

三、"双一流"建设工程为普通本科专业设置带来的机遇

2015 年国务院发布了《统筹推进世界一流大学和一流学科建设总体方案》，自 2017 年开始正式实施世界一流大学和一流学科建设计划，简称"双一流"建设。"双一流"建设是中共中央、国务院作出的重大战略决策，也是中国高等教育领域继"211 工程""985 工程"之后的又一国家战略，有利于提升中国高等教育综合实力和国际竞争力，为实现"两个一百年"奋斗目标和实现中华民族伟大复兴的中国梦提供支柱。"双一流"建设吹响了

中国高校冲刺国际前列、打造世界顶尖学府和顶尖学科的"冲锋号"。

2017年1月，我国教育部、财政部、国家发展和改革委员会制定了《统筹推进世界一流大学和一流学科建设实施办法（暂行）》，同年9月联合公布《世界一流大学和一流学科建设高校及建设学科名单》（表4-8）；2022年2月14日，教育部、财政部、国家发展改革委公布《第二轮"双一流"建设高校及建设学科名单》。

表4-8 2017年第一轮"双一流"建设高校名单一览表

世界一流大学建设高校（A类）36所			
北京大学	大连理工大学	中国科学技术大学	重庆大学
中国人民大学	吉林大学	厦门大学	电子科技大学
清华大学	哈尔滨工业大学	山东大学	西安交通大学
北京航空航天大学	复旦大学	中国海洋大学	西北工业大学
北京理工大学	同济大学	武汉大学	兰州大学
中国农业大学	上海交通大学	华中科技大学	国防科技大学
北京师范大学	华东师范大学	中南大学	
中央民族大学	南京大学	中山大学	
南开大学	东南大学	华南理工大学	
天津大学	浙江大学	四川大学	
世界一流大学建设高校（B类）6所			
东北大学	郑州大学	湖南大学	云南大学
西北农林科技大学	新疆大学		

注：排名不分先后。

首轮一流学科建设中所涉及的学科大多为各高校的优势学科。例如，北京林业大学的风景园林学、林学；北京邮电大学的信息与通信工程、计算机科学与技术等。

第二轮"双一流"建设名单中不再区分一流大学建设高校和一流学科建设高校，将探索建立分类发展、分类支持、分类评价建设体系作为重点之一，引导高校切实把精力和重心聚焦于有关领域、方向的创新与实质突破上。第二轮"双一流"新增高校及其学科名单如下表4-9所示。

表4-9 第二轮"双一流"新增高校及其学科名单一览表

序号	学校	学科
1	山西大学	哲学、物理学
2	南京医科大学	公共卫生与预防医学
3	湘潭大学	数学
4	华南农业大学	作物学
5	广州医科大学	临床医学
6	南方科技大学	数学
7	上海科技大学	材料科学与工程

注：排名不分先后。

高校的"双一流"建设以突出培养一流人才、服务国家战略需求、争创世界一流的教育观念为导向，进入"双一流"建设名单的高校即体现出较强的时代精神。

从普通本科专业设置的视角来看，"双一流"建设以建设一流师资团队、培养拔尖创新人才、提升科学研究水平、传承创新优秀文化、着力推进成果转化为目标，通过建设一流学科的形式推动高校发展。在"双一流"建设工程的影响下，近年来，我国高校越来越重视重点学科的建设，促进了高校教学、科研活动的国际化和研究领域的现代前沿化，为普通本科院校的专业设置带来了前所未有的机遇。

我国各高校纷纷加强对重点学科的投入和建设，不断提升科学研究水平。从2017年以来，我国教育部公布的世界一流建设高校和世界一流建设学科名单来看，"双一流"建设工程的实施为高校本科专业的设置提供了前所未有的机遇。一些高校纷纷抓住机遇，加强对优势本科学科和专业的建设，并在此基础上不断提升专业建设水平，紧跟世界教育发展趋势。

以食品科学与工程专业为例。食品科学与工程专业是以食品科学和工程科学为基础，研究食品的营养健康、工艺设计与社会生产，食品的加工贮藏与食品安全卫生的学科，是生命科学与工程科学的重要组成部分，是连接食品科学与工业工程的重要桥梁。食品科学与工程专业体现出多学科交叉渗透的特点。该专业于2012年被列入《普通高等学校本科专业目录（2012年）》，是为了适应食品工业对高层次人才的需要。

自该专业被列入《普通高等学校本科专业目录（2012年）》以来，一些高校陆续开设了该专业，并且对该专业进行了重点建设。根据我国 2017 年和 2022 年发布的两轮一流学科建设高校名单可以看出，中国农业大学、江南大学、华南理工大学的食品科学与工程专业均跻身双一流建设学科名单，属于该校重点建设的学科。

再以人工智能专业为例。人工智能专业是由于我国信息技术的新发展而兴起和建设的专业，属于近年来高校新开设的专业。例如，西安电子科技大学和西安交通大学均于 2018 年设立了人工智能专业。经过数年来的建设，人工智能专业不仅发展为这两所学校的优势专业，而且跻身我国一流学科建设名单。西安电子科技大学和西安交通大学的人工智能专业在全国各高校人工智能专业评比中脱颖而出，成为这两所学校的重点建设专业。

综上所述，"双一流"建设工程的实施为我国普通本科院校专业设置提供了良好的机遇。

第三节　新时代普通本科院校专业设置的新挑战

新时代普通本科院校专业设置在面临着良好机遇的同时，也面临着一些新的挑战。本节主要对新时代普通本科院校专业设置面临的挑战进行详细分析。

一、科学技术更新迭代对普通本科院校专业设置的影响

进入 21 世纪以来，我国科学技术的发展呈现出日新月异的特点。由于科学技术不断更新迭代，普通本科院校为了适应社会的发展，培养社会需要的人才，应当对本科院校的专业设置进行相应的调整。然而，由于科学技术的发展速度较快，相应的高校人才教育即相对滞后。高校专业发展具有一定的周期，通常本科院校专业的设置与发展均遵循专业周期理论。

科学技术的更新迭代对社会生产和生活具有极其重要的影响，同时也对高校人力资源培养提出了一系列新的要求，反映在普通本科院校专业设置方面，即一些新专业陆续出现，同时一些专业由于社会对相关人力资源

需求的缩小而逐渐被高校所撤销。

普通高等学校本科专业目录中出现了许多新专业。以 2020 年列入普通高等学校本科专业目录的新专业为例。理学专业下设的物理学类、化学类和大气科学类三个一级学科下，增设了量子信息科学、化学测量学与技术、气象技术与工程专业。

以量子力学和信息技术的发展为例。量子力学是物理学理论，是研究物质世界微观粒子运动规律的物理学分支，量子力学专业自 20 世纪初发展成为一门独立的学科。21 世纪，随着量子力学研究的深化，以及信息技术的快速发展，出现了量子力学和信息技术相结合的交叉学科，即量子信息科学。量子信息科学是量子力学与信息学交叉形成的一门边缘学科，于 2021 年被列入我国普通高等学校本科专业目录，成为一门独立的本科专业。作为一门新兴专业，量子信息科学专业毕业的学生，可以在信息工程领域、计算机领域、软件工程领域、生物领域、医学领域、人工智能领域等就业。

2020 年量子力学被列入我国普通高等学校本科专业目录后，清华大学、西安电子科技大学、北京邮电大学、国防科学技术大学、北京理工大学、上海交通大学、电子科技大学、北京大学、北京航空航天大学、东南大学、北京交通大学、华中科技大学、哈尔滨工业大学、浙江大学、西安交通大学、武汉大学、西北工业大学、天津大学、中国科学技术大学、华南理工大学、西南交通大学、南京理工大学、解放军信息工程大学、解放军理工大学、上海大学、武汉理工大学、北京师范大学、山东大学、哈尔滨工程大学、重庆邮电学院、中北大学、南京航空航天大学、郑州大学、中国传媒大学、河海大学、南京信息工程大学、华北电力大学、江西科技师范学院、西安邮电学院、中国计量学院、大连理工大学等纷纷开设了该专业。

再以 2021 年增设的普通高等学校本科专业目录为例。其中工学门类下设材料类、能源动力类、电气类、土木类、水利类、地质类、矿业类、轻工类、航空航天类等一级学科下均增加了新专业，包括光电信息材料与器件、氢能科学与工程、可持续能源、智慧能源工程、智能建造与智慧交通、智慧水利、智能地球控测、资源环境大数据工程、碳储科学与工程、生物质能源与材料、智能运输工程、智慧海洋技术、空天智能电推进技术、木结构建筑与材料等。这些新专业几乎无一例外均是由于科学技术的不断发展而出现的。

以智慧水利专业为例。智慧水利属于一门交叉学科，其中水利是指人类为了生存和发展的需要，采取各种措施，对自然界的水和水域进行控制和调配，以防治水旱灾害，开发利用和保护水资源的行为。智慧则是指生物所具有的基于神经器官产生的一种自身调节和对外界反馈的高级综合能力。

智慧水利是随着云计算、大数据、物联网、传感器等技术的发展，将最新科技成果应用于水利行业的创新专业。智慧水利专业旨在培养能够融合水利工程与云计算、大数据、人工智能、物联网、数字孪生等新一代信息技术，开展水利大数据、水利智能调度、水利工程 BIM 设计、水工智能建造、水利工程智能监控等方向工作的水利行业信息化复合型创新人才。智慧水利专业学生毕业后可以在水利、农业、生态、自动化、互联网等领域从事水利数字化生产、科学智能决策与协同管理等方面的科学研究和技术服务工作。

综上所述，科学技术的发展对普通本科院校的专业设置具有极为深刻的影响，使普通本科院校专业设置面临一定的挑战。如果普通本科院校不能正视科学技术发展对高校专业设置带来的影响，则可能会存在盲目设置专业或扩大专业招生而不适应科学技术发展的情况，从而导致普通本科院校专业滞后的现象出现。因此，普通本科院校在进行专业设置时应注重科学技术发展对专业设置的综合影响，在顺应科学技术发展的基础上，及时调整专业，通过优化师资力量的配比，增加新专业，淘汰落后专业，以积极应对科学技术发展对普通本科院校专业设置带来的挑战。

二、社会经济发展对普通本科院校专业设置的影响

一般而言，任何学科和专业均会经历产生、发展、成熟和衰退四个阶段。高校通常在对社会和市场需要进行深刻洞察的基础上，将社会和市场对人才的潜在需求转化为实际需求，根据市场对人才的需要而开设新专业。接着，新专业进入发展期，而当市场上某专业人才的供需基本稳定时，该专业的供需达到平衡状态。由于社会科技、经济的快速发展，当社会和市场对人才的需求产生重大转变时，原有的专业人才不能够满足社会经济的发展需要，相应地该专业也会逐渐进入衰退期。

社会经济发展是影响普通本科院校专业设置的重要因素之一。由于社

会经济的不断发展，社会各项事业的不断进步，对人力资源结构的需求也会有所不相同，从而对普通本科院校的专业设置产生直接或间接的影响。我国正处于产业结构调整和经济发展方式转变的关键时期，由于我国产业结构调整的深化，以及经济发展方式的转变，我国人才市场对人力资源的要求发生了重大变化，反映在普通本科院校专业设置方面，对普通本科院校的专业设置提出了一定的挑战。

（一）社会经济发展对普通本科院校新增专业的影响

自我国教育部 2012 年颁布《普通高等学校本科专业目录（2012 年）》至今，我国教育部每年公布各高校备案或审批后新增的专业，从这些专业中可以看出，社会经济的发展对我国人民的生产生活产生了巨大影响。

例如，近年来由于社会经济的快速发展，我国普通高等学校本科专业备案新增的专业越来越多。2019 年度我国普通高等学校新增备案本科专业的数量为 1 672 个；2020 年度我国普通高等学校新增备案本科专业的数量超过 2 000 个；2021 年度我国普通高等学校新增备案本科专业目录的数量为1 773 个。从这些数量来看，近年来我国普通高等学校新增备案的本科专业较多。

我国高校新增专业目录涉及工学、理学、艺术学、法学、文学、管理学等多个学科，这些学科专业大多体现出社会经济的发展新趋势。例如，管理学门类下新增的健康服务与管理、物流管理、大数据管理与应用、城市管理、信息资源管理等体现了社会经济的发展新趋势。

1. 以健康行业的发展为例

健康行业，在这里特指与医疗健康与养老相关的专业，包括健康服务与管理专业、养老服务专业等。进入 21 世纪以来，由于我国国民经济水平的不断提升，人们的生活水平不断提高，对健康的要求也越来越高。此外，由于我国老龄化社会的到来，养老服务的人才缺口越来越大。

其中，健康服务与管理专业是 2015 年经教育部批准设立的新专业，列入了《普通高等学校本科专业目录（2020 年版）》。健康服务与管理专业是由于我国社会经济的不断发展，人们生活水平的逐渐提高，对健康和保健的要求越来越高而兴起的新专业。

健康服务与管理专业的主干课程包括健康管理学、健康营养学、健康教育与健康促进、健康信息管理、健康心理学、老年与慢病健康管理、健康大数据挖掘与分析、中医治未病概论、基础医学概论、临床医学概论、预防医学、管理学基础、健康统计学、流行病学、社会医学、卫生事业管理学、健康风险评估技术与实训、健康干预技术与实训。该专业学生毕业后可以在各级卫生行政管理机构、医疗卫生事业单位、疾病预防控制中心、社区卫生服务机构、医养结合机构、健康管理机构、健康保险机构等领域从事健康管理与服务工作。

2021年我国教育部发布了关于印发《职业教育专业目录（2021年）》的通知，该通知指出继续加强布局养老服务、健康管理等大健康相关专业，鼓励高校开设健康教育专业。同年，教育部等五部门联合发布的《关于全面加强和改进新时代学校卫生与健康教育工作的意见》中再次强调鼓励具备条件的高校开设健康教育等相关专业。由此可见，健康服务与管理专业在学科专业领域获得了教育部门及高校机构的大力认可，符合我国社会经济发展的趋势，因此众多高校纷纷响应我国经济发展的趋势与政策，开设健康服务与管理专业。

2016年，我国开设健康服务与管理专业的学校共计5所，2021年增加至123所。健康服务与管理专业相继在我国多个省市自治区的百余所学校开设，其中包括北京第二外国语学院中瑞酒店管理学院、天津中医药大学、天津医科大学临床医学院、河北中医学院、张家口学院、北京中医药大学东方学院、河北科技学院、河北医科大学、山西工商学院、山西医科大学、山西中医药大学、长治医学院、山西应用科技学院等。

2. 以物流行业的发展为例

改革开放以来，随着中国经济的发展，国内消费水平不断提升，我国逐渐发展成为全球重要的制造中心和最大的消费市场之一。为了满足国内外商品流通的需要，我国物流行业迅速崛起，并不断发展扩大。据有关数据统计，我国2012年的社会物流总额为177.32万亿元，2021年底，社会物流总额增加至335.20万亿元。

由于我国物流行业的快速发展，我国物流人才缺口持续扩大，为了满足社会物流人力资源需要，我国高校纷纷开设物流工程、物流管理等专业。此外，由于我国经济发展进入新常态，物流行业作为我国服务产业中的重要组成部分，面临着新的发展趋势。尤其是在网络信息技术、物联网、云计算等现代信息技术快速发展的基础上，现代物流业呈现出信息化、智能化、平台化、一体化、自动化的发展趋势，急需掌握现代科学技术的综合性物流人才。

其中，物流管理专业属于交叉学科，涉及管理、经济、工程等众多领域，该专业的毕业生面向物流企业、工商企业，在采购、仓储、配送、运输、供应链管理等岗位群，从事基层管理及物流服务等工作。

物流管理专业在我国高校开设较早，进入21世纪后，由于我国物流行业的迅猛崛起，我国开设物流管理专业的高校越来越多，反映出社会经济发展对普通本科院校专业设置的影响。

（二）社会经济发展对普通本科院校撤销专业的影响

社会经济发展不仅对普通本科院校新增专业有着直接或间接的影响，还能够对普通本科院校撤销专业产生影响。近三年我国普通本科院校撤销专业如下表4-10所示。

表4-10　近三年我国普通本科院校撤销专业一览表

年份	2019	2021	2021
数量	367	518	804

从上表中可以看出，近三年来，我国普通本科院校撤销专业的数量呈现出逐年上升的趋势，尤其是2021年本科学校撤销专业数量达804个。撤销专业的原因：一方面由于社会经济的发展，一些高校的本科专业不再适应社会的发展；另一方面高校出于自身整体发展的需要，对优势学科和重点专业进行扶持的同时，裁撤个别专业。

例如，1998年版的《普通高等学校本科专业目录》中在教育学学科门类下设的林木生产教育、特用动物教育、农业机械教育、农业建筑与环境控制教育、制浆造纸工艺教育、印刷工艺教育、橡塑制品成型工艺教育、纺织工艺教育、染整工艺教育、化工工艺教育、化工分析与监测技术教育、建筑材料工程教育等专业，在2012年版的《普通高等学校本科专业目录》中均被撤销。

再以管理类学科下设的二级专业公共事业管理专业为例。公共事业管理专业主要研究国家对公共事业的管理、公共事业单位对内部事务及社会事务的管理，是适应我国改革开放和现代化建设需要的新兴专业。该专业的培养目标是培养能够在公共事业管理部门、公共事业单位，包括文教、卫生、体育、环保、社会保险、高等院校和科研机构等单位从事实际管理、教学和科研工作的高级专门人才。该专业的主要课程包括政治学、现代管理学、公共事业管理、行政管理学、社会学、西方经济学、人力资源管理、现代领导科学、法学基础、行政法学、经济法学、当代中国政府与行政、公共经济学、公共政策、公共关系学、社会保障、非营利组织、中外政治制度、社会调查与社会统计、计算机基础、专业外语等。

公共事业管理专业课程涉及范围较广，包括管理学、经济学、法学、社会学、计算机和语言等领域，然而每个领域的学习均不太深入。从培养目标来看，该专业毕业的学生未来的就业面较广，主要面向公共事业单位。

公共事业管理专业作为一门独立的本科专业，最早出现于1998年版的《普通高等学校本科专业目录》中。1998年教育部颁布的《普通高等学校本科专业目录》将原教育管理、体育管理、文化艺术事业管理、卫生事业管理、环境经济与管理、人口学（部分）专业合并调整为公共事业管理专业。然而，近年来，公共事业管理专业本科毕业生的就业情况却不甚理想，因此许多普通本科院校相继撤销了该专业。

《2020年度普通高等学校本科专业备案和审批结果》《2021年度普通高等学校本科专业备案和审批结果》显示，近两年来，重庆大学、中国劳动关系学院、辽宁大学、上海理工大学、淮阴师范学院、东南大学成贤学院、中国计量大学现代科技学院、滁州学院、齐鲁工业大学、聊城大学、青岛大学、山东交通学院、北京电影学院现代创意媒体学院、湖南师范大学、湖南人文科技学院、成都信息工程大学、云南农业大学、云南艺术学院、西北大学、西安理工大学、西北师范大学、江西中医药大学、潍坊科技学院、右江民族医学院、北京邮电大学世纪学院、北京舞蹈学院、北京工商大学、天津职业技术师范大学、河北大学、邯郸学院、沈阳航空航天大学、渤海大学、辽宁理工学院、上海戏剧学院、江苏师范大学、淮南师范学院、福建师范大学、上饶师范学院、赣南师范大学、江西财经大学、江西科技师范大学、临沂大学、烟台科技学院、洛阳师范学院、长江大学、湖南第一师范学院、电子科技大学中山学院、桂林电子科技大学、昆明理工大学、咸阳师范学院、西安文理学院、西安邮电大学、西安交通大学城市学院、西安财经大学行知学院等，均提出了撤销公共事业管理本科专业的申请。

值得注意的是，尽管近年来许多高校选择撤销公共事业管理本科专业，然而，该专业在某些高校依然存在，并未完全消失。其他未撤销公共事业管理专业的本科院校，一般专业的成熟度较高、就业指向较为清晰。例如，中国民用航天飞行学院、南京航空航天大学的公共事业管理专业均面向民航就业，其就业范围具有较强的指向性特点。

综上所述，社会经济的发展对普通本科院校专业设置有着较大影响，使本科院校专业设置面临一定的挑战。如果普通本科院校在进行专业设置时一味注重社会经济发展的影响，可能会导致高校设置的专业过于超前或滞后，这两种现象均不利于普通本科院校专业设置的良性发展。

因此，普通本科院校在进行专业设置时，应综合考虑社会经济发展带来的影响。一方面，普通本科院校应当综合考虑国内外经济发展趋势与区域经济发展趋势，根据普通本科院校的定位以及毕业生就业区域合理进行本科专业设置；另一方面，普通本科院校应及时结合毕业生就业趋势不断调整专业设置，基于经济发展的长远性设置专业。

三、双一流建设工程下普通本科院校专业设置面临的挑战

双一流建设工程为普通本科院校专业设置提供了前所未有的机遇，同时也使普通本科院校的专业设置面临全新的挑战，

近年来，由于新兴技术的发展，新兴交叉学科兴起，我国教育部及各省市自治区教育部为了鼓励新兴交叉学科的发展出台了一系列政策。然而，对于普通本科院校来说，传统一流学科与新兴交叉学科建设之间存在一定的矛盾。由于普通本科院校的资源有限，因此在大力发展传统一流学科的同时，较难挤出资源建设新兴交叉学科。此外，新兴交叉学科的建设通常以多个学科专业的发展作为基础。普通本科院校如果盲目跟风建设新兴交叉学科则可能导致新兴交叉学科专业的基础不牢固，难以获得良好的发展。

第五章　新时代普通本科院校专业设置遵循的原则

第一节 多元视角逻辑整合与统一原则

21 世纪，我国普通本科院校专业设置取得了丰硕的成果。2012 年出台了《普通高等学校本科专业目录（2012 年）》，且每年均在《普通高等学校本科专业目录（2012 年）》的基础上发布年度新增与撤销名单，赋予高校较强的专业设置自主权。

逻辑，在这里指规律，即事物产生、发展的内在规律与本质。普通本科院校的专业设置需要考虑社会政治、经济，以及科技发展的影响，同时还应当综合考虑学科知识本身的逻辑性。本节主要对新时代普通本科院校专业设置应当遵循的多元视角逻辑整合与统一原则进行详细分析。

一、新时代普通本科院校专业设置之学科知识逻辑

学科一词，指学术分类、教学科目和理论知识。这里的学科一词，特指学术分类，即一定科学领域或一门科学的分支。学科是一个相对独立的知识体系，是人类根据认识对象的特点，对知识进行划分的集合，也指科学技术一定领域或其分支。普通本科院校除了主要学科之外，还包括边缘学科、综合学科、横向学科。

1949 年以来，我国普通本科院校专业设置经历了按行业部门划分到按学科划分的过程。21 世纪以来，由于科学技术日新月异的发展，以及新兴产业的不断兴起，我国普通本科院校出现了一批新兴交叉学科。这些新兴交叉学科的出现反映了我国普通本科院校朝着培养综合性应用人才方向转变的特点。新时代普通本科院校专业设置之学科知识逻辑主要体现在以下方面。

（一）新时代普通本科院校专业设置之学科知识逻辑的表现形式

新时代普通本科院校专业设置中的学科知识逻辑以学科、专业与课程之间的关系作为依托，表现在学科专业结构布局和专业内的本科课程体系设置两个方面。

学科与专业、课程之间存在着千丝万缕的关系。普通本科教育以学科为依据划分专业，学科是从宏观视角对知识的划分，而专业是从中观视角对知识的划分，具体的课程则是从微观视角对知识的划分。

1. 学科专业结构布局

普通本科院校专业设置中的学科知识逻辑主要体现在普通本科院校的学科专业结构布局方面。普通本科院校专业设置以学科作为划分标准，我国 2020 年发布的《普通高等学校本科专业目录（2020 年版）》显示，我国普通本科院校的专业共划分为 12 个学科门类，标注了 703 个专业。2020 年和 2021 年分别新增了 37 个和 31 个新专业。

由此可见，我国普通本科院校的专业以学科作为支撑，而各学科门类下设若干一级学科，一级学科下再设立若干二级学科。例如，哲学作为一个学科大类，其下设置了哲学类一个一级学科，哲学类下又设立了哲学、逻辑学、宗教学、伦理学四个二级学科。从学科专业结构布局的视角进行分析，即哲学、逻辑学等专业均以哲学学科作为支撑。

除了传统学科和专业之外，近年来许多新兴专业和交叉专业逐渐兴起，对普通本科院校专业设置中的学科专业结构提出了新的要求。由于交叉专业涉及多个学科，因此需要若干个学科作为支撑。

以《列入普通高等学校本科专业目录的新专业名单（2021 年）》为例。其中即存在多个交叉学科专业，如量子信息科学、化学测量学与技术、能源互联网工程、智能工程与创新设计、运动与公共健康、生物医药数据科学、食品药品环境犯罪侦查技术、智慧牧业科学与工程等。这些专业均需要多个学科作为支撑。

例如，量子信息科学作为一门交叉学科专业，整合了物理学科和计算机学科的知识，普通本科院校在开设量子信息科学专业时，必须以物理学科和计算机学科作为支撑，才能体现出学科专业结构布局的科学性。

我国普通本科院校在进行专业设置时，以国家发布的《普通高等学校本科专业目录》为依据，若新增加目录上没有的专业则需要国家有关部门进行审批。不同本科院校在设置专业时应从院校的性质、特色、综合实力等方面出发，合理布局学科专业结构。

仍以量子信息科学为例。自 2021 年以来，清华大学等多个高校纷纷开设量子信息科学专业，体现了追求学科专业结构布局科学化的特点。

清华大学是世界上开展量子信息研究较早的学校之一，在量子领域积累了丰富的师资和研究成果，并建立了专门的量子信息中心，以及量子物理实验室。此外，清华大学自1994年即建立了信息科学技术学院，2003年成立了信息技术研究院，在信息技术研究方面取得了较为丰硕的成果，2006年成立了量子信息科学与技术研究中心。量子信息科学专业的建立，能够使清华大学充分发挥专业特长，使其专业结构布局更加科学。

2. 课程结构体系

专业课程结构体系通常包括基础课程、专业基础课程，以及专业方向课程等内容。其中，基础课程是培养学生专业基础知识和基本技能、素质的课程；专业基础课程则是一个专业的核心课程；专业方向课程偏重于体现专业学科的特点。根据专业人才培养目标，在设置课程时应当注重课程知识体系的科学性，使其既符合学生的认知规律，又符合知识系统的科学性。

以2021年新增能源互联网工程专业的课程结构体系为例。我国教育部出台的有关文件中规定，该专业课程内容包括基本电路理论、数字电子技术、模拟电子技术、嵌入式系统原理与实验、电磁场、信号与系统、自动控制原理、通信原理、电气工程基础、电机学、电力电子技术基础、数字信号处理、电机控制技术、电力系统继电保护、电气与电子测量技术、电力系统暂态分析等。

西安交通大学的能源互联网工程专业由该校的电气学院主导，联合电信学部、能动学院等开办。其中，能源互联网工程的专业大类基础课程包括电路、现代电子技术、电磁场、数据结构与算法、信号与系统、自动控制理论。专业核心课程包括能源互联与系统分析、能量转化原理与技术、智能传感器技术、能源互联网信息通信技术、计算机网络原理、电力电子技术、机电能量转换、电力工程基础等。

清华大学的电气工程及其自动化（能源互联网国际班）专业的课程则包括电路原理、电磁场、电子技术、自动控制、信号与系统、工程力学、计算机硬件和软件、通信技术与网络应用、单片微机嵌入式系统、数字信号处理、电机学、电力系统分析、高电压工程、电力电子技术基础、电力系统继电保护、发电厂工程、电力系统稳定与控制、电力系统调度自动化、电力市场概论、过电压及其防护、直流输电技术、电力传动与控制、电力电子仿真设计、微特电机、电介质材料与绝缘技术、信息论与电力系统、工程热力学、能源经济、能源政策、能源与地缘政治、能源与环境、全球能源互联网概论等。

哈尔滨工业大学设置的能源互联网专业的课程则包括电工电子基础、电机综合技术、控制理论与实践、能源互联网原理、电力电子与能量变换、智能处理器与工业控制技术、智能电网、智慧能源系统、智能电网建模与仿真、智能家居、冷热电联供技术、风力发电和压缩空气储能等。

由此可见，不同高校所开设能源互联网课程结构体系不尽相同，而无论高校的课程结构怎么设置，均需根据专业的培养目标合理规划专业课程，让本专业学生掌握必要的专业知识与技能，形成职业竞争力。

（二）新时代普通本科院校专业设置之学科知识逻辑整合与统一

从文中的分析可以看出，普通本科院校专业设置具有学科知识逻辑诉求。每一个专业均需以特定的学科作为支撑，拥有科学的知识体系，并通过专业课程设置体现出来。

学科与专业之间存在紧密的内在统一性，相互依存并相互促进。学科是普通本科院校进行人才培养、科学研究和社会服务等基本活动的基础，也是普通本科院校内部相对独立的多元化知识体系的基本载体。

从普通本科院校专业设置目录的形式上看，我国普通本科院校专业目录运用了学科类别、一级学科和二级学科三级划分方法。其中，二级学科为具体的本科专业目录，这些本科专业目录统一被归纳为 12 个学科类别。每一个具体的本科专业对应相关的一个或多个学科。其中，非交叉学科专业对应具体的某个学科，如逻辑学对应哲学学科；交叉学科对应多个学科，如整合生命科学对应工学、医学、理学等学科。

从普通本科院校专业设置实践来看，普通本科院校在进行专业设置时，通常以学科作为基础，一门学科下可以设置一个或多个专业，而交叉学科专业以多个基础学科的理论与知识作为支撑。

综上所述，普通本科院校专业设置以学科分类为前提，而学科建设是专业建设的基础，因此新时代普通本科院校专业设置在遵循学科知识逻辑的同时，应当坚持整合与统一的原则。通过整合高校内部资源，构建学科与专业体系，并统一于知识为核心的目标之上。

二、新时代普通本科院校专业设置的市场需求逻辑

社会市场需求是影响普通本科院校专业设置的重要因素，纵观 1949 年以来我国普通本科院校专业设置的历程，普通本科院校专业设置呈现出遵循和满足社会市场需要的特征。

1949 年，中华人民共和国成立后，为了适应社会主义建设与经济发展的需要，我国有关部门出台了《高等学校专业目录分类设置（草案）》。这一时期，尽管我国的人力资源市场发展还不太成熟，处于初创阶段，但是《高等学校专业目录分类设置（草案）》仍然体现出了较强的适应国家和社会发展需要的特点。

改革开放后，由于我国社会主义市场经济体制的确立，我国普通本科院校为了适应社会市场对人力资源的需求，不断对原有专业进行调整、拓展，在对一些专业进行合并或撤销的同时，增加了大量新专业。这些均体现出了市场需求在我国普通本科专业设置中的重要性。

进入 21 世纪以来，由于我国高等教育的大众化和普及化，我国普通本科院校的竞争越来越激烈，在激烈的人才市场竞争中接受市场检验并取得优势的普通本科院校及本科专业能够获得较多的发展资源和生源选择权。此外，高校学科建设和专业设置均需顺应社会市场导向，以促使高校服务社会的功能得以实现。从普通本科学生的视角来看，高等教育阶段是普通本科学生进行职业生涯准备的重要阶段，而且在我国高等教育大众化和普及化时代，普通本科学生毕业后，均会通过双向选择进入社会职业生活，因此也需要考虑人才市场需求。由此可见，无论从高校学科建设和专业设置，还是学生个体、社会用人单位、政府等视角来看，普通本科院校专业设置市场需求均具有一定的逻辑性。高校学科建设和专业设置只有遵循市场需求，才能满足社会对人才的需求。

新时代普通本科院校专业设置的市场需求逻辑主要表现在两个方面。

（一）普通本科院校专业设置与社会专业人才供需之间的关系

社会市场需求随社会各项事业的发展而发生变化，我国社会经济的发展和产业结构的调整与变革，对我国人才市场的需求产生了较大影响，而社会人才市场需求的变化，又会对普通本科院校专业设置产生直接或间接的影响。

以社会产业改革为例。由于我国社会产业改革的持续深化，我国第三产业获得了较快发展，产生了大量新的就业岗位，而第一、二产业由于产业升级，呈现出科技化和智能化发展的趋势。以第一产业农业为例。我国农业生产近年来朝着现代化、规模化、信息化发展，呈现出新的发展趋势。传统农业生产方式发生了较大变化，朝着智慧化和专业细分的方向发展。农业产业改革与发展反映在人才市场方面，即对社会专业人才提出了新的要求，社会上相应地产生了一些农业新职业，为了满足社会农业新职业的人才需求，普通本科院校设置了相应的专业。

1998—2020年我国教育部发布的普通高等学校本科专业目录如下表5-1所示。

表5-1 1998—2020年我国教育部发布的普通高等学校本科专业目录

年份	学科门类	一级学科	二级学科
1998	农学	植物生产类	农学、园艺、植物保护、茶学
		草业科学类	草业科学
		森林资源类	林学、森林资源保护与游憩、野生动物与自然保护区管理
		环境生态类	园林、水土保持与荒漠化防治、农业资源与环境
		动物生产类	动物科学、蚕学
		动物医学类	动物医学
		水产类	水产养殖学、海洋渔业科学与技术
2012	农学	植物生产类	农学、园艺、植物保护、植物科学与技术、种子科学与工程、设施农业科学与工程
		自然保护与环境生态类	农业资源与环境、野生动物与自然保护区管理、水土保持与荒漠化防治
		动物生产类	动物科学
		动物医学类	动物医学、动物药学
		林学类	林学、园林、森林保护
		水产类	水产养殖学、海洋渔业科学与技术
		草学类	草业科学

续　表

年份	学科门类	一级学科	二级学科
2020	农学	植物生产类	农学、园艺、植物保护、植物科学与技术、种子科学与工程、设施农业科学与工程、茶学、烟草、应用生物科学、农艺教育、园艺教育、智慧农业、菌物科学与工程、农药化肥
		自然保护与生态环境类	农业资源与环境、野生动物与自然保护区管理、水土保持与荒漠化防治、生物质科学与工程
		动物生产类	动物科学、蚕学、蜂学、经济动物学、马业科学
		动物医学类	动物医学、动物药学、动植物检疫、实验动物学、中兽医学
		林学类	林学、园林、森林保护、经济林
		水产类	海洋渔业科学与技术、水族科学与技术、水生动物医学
		草学类	草业科学、草坪科学与工程

从上表中可以看出，自1998年至2020年，农学学科门类下设一级学科和二级学科均发生了一定变化。其中，一级学科范畴不断扩大，二级学科则更加细分。以《普通高等学校本科专业目录（2020年版）》为例。其与《普通高等学校本科专业目录（2012年）》相比新增加了茶学、烟草、应用生物科学、农艺教育、园艺教育、智慧农业、菌物科学与工程、农药化肥、生物质科学与工程、蚕学、蜂学、经济动物学、马业科学、动植物检疫、实验动物学、中兽医学、经济林、水族科学与技术、水生动物医学、草坪科学与工程等。这些均是基于社会产业优化与社会人才市场需求而设立的。

由此可见，普通本科院校专业设定与社会专业人才供需，乃至社会产业改革与调整等方面均存在着极强的逻辑性。

（二）普通本科院校专业设置与本科生就业表现之间的关系

自21世纪我国高等教育进入大众化和普及化阶段以来，我国普通本科院校的专业数量大幅度增长。纵观我国普通本科院校专业数量的增长主要表现在两个方面：一方面，普通本科院校新专业的设置；另一方面，普通本科院校原有专业或新专业的布点数量。

以陕西省普通本科院校的专业数量为例。陕西省作为高等教育大省，拥有众多类型丰富的高校。其中，普通本科院校 57 所，涉及综合大学、工科院校、理科院校、农林院校、师范院校等。不同高校所设置的专业也不尽相同。这些高校每年均会根据社会科技和经济发展趋势，结合自身的综合实力和专业倾向、毕业生就业情况等进行本科专业目录调整，并对原有的本科专业目录进行撤销或新增。新增加的专业既有未标注在普通本科院校专业目录中的新专业，也有已标注在普通本科院校专业目录，且已在全国或该省其他高校布控专业点的专业。

以人工智能专业为例。由于计算机信息技术的新发展，近年来我国的人工智能经济获得了较大发展，人工智能被列入我国普通高等学校本科专业目录，之后，先后有 400 多家高校陆续开设了人工智能专业课程。陕西省的 X 高校自 2018 年即开始招收人工智能专业本科生，2019 年，X 高校经教育部批准，获得我国首批"人工智能"新专业建设资格。自 2020 年后，陕西省的多所高校也纷纷增设"人工智能"专业，极大地扩展了人工智能专业在陕西省的专业布点，有效提高了 S 市人工智能专业人才培养数量。

近年来，人工智能经济正处于快速发展期，人工智能人才市场需求缺口较大，因此人工智能专业的毕业生在人才市场较受欢迎，能够获得理想的就业与发展机会。由此可见，当一所高校的人工智能专业毕业生就业情况和发展情况较好时，能够有效促进该高校人工智能专业的发展，也会促进其他同类院校增设人工智能专业。

反之，如果某个专业由于开设高校众多，所培养的毕业生远远超出人才市场所需，导致该专业毕业生就业困难或被迫转行，则会影响高校中该专业的开设情况，造成高校撤销原有该专业布点，转而集中资源发展优势专业或新兴热门专业的现象。综上所述，普通本科院校专业设置与本科生就业表现之间存在市场需求逻辑。

三、普通本科院校专业设置的个体发展逻辑

教育活动本质是一项培养人和发展人的特殊社会活动，因此，教育活动必须立足人的发展，一旦脱离了人的发展，教育将不复存在。本科教育是促进个体发展，实现高校本科人才培养目标的教育形式。从高校本科学生个体发展的视角来看，普通本科院校专业设置中存在尊重本科学生个体

发展逻辑的特点。

（一）从个体发展视角看我国普通本科专业设置的历史演变

纵观 1949 年以来我国普通本科院校不同时期的专业设置，从学生个体发展的视角呈现出培养专门人才转变到培养复合型、创新型人才的特点。

1954 年发布的《高等学校专业目录分类设置（草案）》和 1963 年发布的《高等学校通用专业目录》专业划分标准具有主要以部门行业为依据的特点，呈现培养专业化人才的目标。20 世纪五六十年代包括普通本科院校在内的高等学校将培养专业化人才作为目标，符合当时的社会发展需求，短时间内培养了大量各行业急需的建设人才。然而，值得注意的是，专业化人才的培养易使高等院校人才培养方向变得狭窄，而高校专业目录设置过细，专业口径过窄，不利于开阔视野和创新创造。

改革开放后，由于我国普通本科院校专业设置开始以学科为主要划分依据，以行业部门为次要划分依据，我国普通本科院校开始呈现出从"专业化人才"培养目标朝着"一专多能"人才培养目标方向转变的特点。20 世纪 80 年代，普通本科院校为了突出"一专多能"人才培养目标，提出了"宽窄并存，以宽为主"的专业设置原则，将一些不成熟的专业转变为试办专业，控制试办专业的招生规模。从普通本科院校专业目录来看，这一时期仍然以培养专门人才为主，但开始朝着综合性人才培养的方向发展。

20 世纪 90 年代后，由于我国改革开放的不断深化，以及科学技术的快速发展，我国普通本科院校开始逐渐朝着培养复合型人才和创新型人才的方向发展。1998 年《中华人民共和国高等教育法》中明确指出，高等教育的任务是培养具有社会责任感、创新精神和实践能力的高级专门人才。

进入 21 世纪后，由于知识经济的来临，科学技术不断发展，各学科领域不同专业之间的联系越来越紧密，进而推动知识系统朝着综合化的趋势发展。普通本科教育中的学科经过不断的纵横分化和整合发展，推动着普通本科教育人才培养目标和人才培养规格不断朝着多元化的方向发展。除此之外，由于我国高等教育层次的逐步完善，以及高等教育的大众化和普及化发展，我国本科教育供需关系发生了较大变化，人才培养与 21 世纪前相比，整体上呈现出供大于求的特点。

用人单位更加注重人才的综合素质和综合能力，这一点从 21 世纪以来我国新增的综合性交叉学科目录即可看出。进入 21 世纪以来，我国各高校设置了大量交叉学科专业。这些交叉学科专业包括能源与资源工程、中国学、数据科学、整合生命科学、纳米科学与技术、金融工程、风险管理与精算学、劳动关系学、中国特色社会主义理论、国学、城乡发展与规划、可持续发展管理、环境政策与管理、食品安全管理、信息艺术设计、环境科学与新能源技术、数据科学和信息技术、精算医学与公共健康、全球领导力、信息安全、交通能源与环境工程、资源环境与循环经济、飞机适航设计、空间技术应用、量子科学仪器、人工智能、集成电路设计、能源经济与管理、文化传播与管理、新能源汽车工程、适航技术与管理、数字表演、工业与系统工程、国民经济动员学、能源与气候经济、光机电微纳制造、智能数字表演、机电储能科学与工程、储能材料科学与技术、公共关系与应急管理、人工智能科学与工程、应用数学与工程科学、储能数学与工程科学、储能化学与物理、纳米科学与工程、图像科学与工程、建筑遗产保护、作物智能育种、动物分子设计育种、生态文明建设与管理、生态修复工程学、医学信息学、生命伦理学、群医学、人文医学等。

不同学校的性质、特点、重点学科方向不同，所设置的交叉学科也不尽相同。

以中国地质大学为例。中国地质大学的前身为北京地质学院，是一所培养地质研究人才的学校。中国地质大学的交叉学科均为与地质学相关的学科。根据教育部发布的《学位授予单位（不含军队单位）自主设置交叉学科名单》（截至 2022 年 6 月 30 日），中国地质大学设置的交叉学科包括遥感科学与技术、健康地学、人工智能与地球探测、绿色矿业、自然灾害与应急管理、自然资源与国土空间规划、碳中和与高质量发展管理、地学大数据。这些交叉专业所涉及的一级学科均包含地质学。

其中，遥感科学与技术作为一门交叉专业，涉及测绘科学与技术、地球物理学、环境科学与工程、海洋科学、地质资源与地质工程等一级学科。从该专业所涉及的一级学科来看，该专业所培养的人才为具有跨专业学科知识与技能的复合型人才和创新人才。

综上所述，从个体发展的视角来看，中华人民共和国成立以来，我国普通本科专业设置遵循的个体发展理念历经了专才培养、复合型人才培养、创新人才培养三个阶段。

（二）普通本科专业设置的个体发展逻辑诉求

从人的社会属性视角来看，高校学生作为社会建设的一分子，承担着特定的社会角色，即未来社会的建设者；从个体发展逻辑来看，学生在高校本科教育中，应当获得为其成长和发展提供支撑的教育资源。普通本科专业设置应从个体发展角度出发，助力培养具有独立品格的复合型创新人才。唯其如此，普通本科学生毕业走上社会后才能具有较强的适应能力与创新能力。

普通本科专业设置对本科学生的个体发展有着直接且关键的影响：一方面，普通本科专业设置能够促进学生的个性成长；另一方面，普通本科专业设置能够提高学生个体发展的适应性。

1.普通本科专业设置能够促进学生个性成长

普通本科专业设置不仅能够引导学生掌握相关专业的知识和技能，还能够培养学生的个性，激发学生的学习动力，促进学生个性成长。普通本科专业所涉及的领域不同，面向的人群不同，对学生的各项能力、素质以及个性的要求也不尽相同。

例如，考古学所培养的人才具备历史学、考古学和博物馆学基础知识、方法以及相关文博、历史及人类学知识，掌握玉石器、青铜器、陶瓷器、书画杂项等各类文物最基本的鉴定和保护技能，能在考古及历史研究机构、博物馆、各级学校、文物经营机构、公安、海关等部门，从事文博研究、管理等方面工作。

考古学专业包括通识类课程、公共基础类课程，以及专业类课程。其中，通识类课程包括人文社会科学类、自然科学类、艺术教育类和创新创业类课程；公共基础类课程包括马克思主义基本原理概论、毛泽东思想和中国特色社会主义理论体系概论、中国近现代史纲要、思想道德修养与法律基础、形势与政策、计算机基础与应用、大学外语、大学体育等。专业基础课程则包括考古学导论、旧石器时代考古、新石器时代考古、夏商周考古、战国秦汉考古、三国两晋考古、隋唐考古、宋元明考古、科技考古、人类学、古建筑学、文物学等。除了理论知识之外，考古专业的学生还需要进行大量的田野调查和实践见习活动。

考古学专业所研究的对象均为古代知识或古文物知识，要求学生能够耐得住寂寞，能够对所研究的事物花费大量的耐心。此外，考古学还要求学生具有较强的专注力，能够数年甚至数十年如一日地研究古代事物或考证某个事物，这样其才能获得科研成果。考古学专业不仅能够提升学生的考古学专业素养，还能够提升学生的人文素养。考古学通过引导学生对古代文明遗迹或遗物进行了解，让学生深入地认识和了解国家的文明，有利于激发学生的民族自信心和民族自豪感。此外，考古学专业要求学生具备丰富的知识，包括金石知识、历史综合知识、美术学知识、音乐学知识、社会学知识等，唯其如此，考古学专业学生才能发现、发掘文物的综合价值，而这些知识的学习有利于提升和培养学生的人文素养。

考古学专业虽然隶属于人文学科门类，然而，近现代以来，由于近代自然科学的发展和各门类学科之间的相互渗透，考古学与物理学、化学、生物学之间的联系越来越紧密。学生在学习考古学专业时，也需要了解物理学、化学、生物学等专业学科的知识，学习测量、绘图、摄影、修复、拓印、翻模等知识或技能。通过考古学专业的学习，学生能够认识到事物发展并非孤立的，必须得到周围事物的支持。这一特点有助于培养考古学专业学生的开放思维能力和合作精神。

从考古学专业所培养的人才方向、所学课程以及对学生的综合素养的影响可以看出，普通本科专业设置能够促进学生的个性成长。

进入 21 世纪后，由于科学技术更新换代的频率越来越快，学生个体的身心发展水平不断进化，普通本科专业设置在立足学科发展的基础之上，需充分考虑学生个体身心发展的特点，对相关专业进行调整，推动学生个性成长。

2.普通本科专业设置能够提高学生发展的适应性

普通本科教育作为社会高等教育的重要构成要素，是社会发展的产物。普通本科教育应与社会的发展相适应，其人才培养逻辑应当随时代的变迁和社会转型而不断发展。从这一视角来看，普通本科教育应推动学生个体发展与社会时代的发展相适应。

进入 21 世纪后，由于我国高等教育进入大众化和普及化阶段，社会对高等教育人才的关注点不再是学生的专业文凭，而是学生是否具备较强的综合能力与社会适应能力。普通本科专业设置能够对学生的知识结构和综合能力产生深刻影响，直接关系着学生走上工作岗位之后的发展适应性。

从学生个性成长发展角度来看，学生所学的专业只有具备良好的发展性时，才能提高学生的发展适应性。因此，普通本科专业设置应当立足时代发展，及时淘汰旧有的、过时的专业，设置新专业，才能培养和提高学生发展的适应性。

综上所述，普通本科专业设置与学生个体发展之间存在较强的逻辑性，鉴于两者之间的逻辑性，普通本科院校在进行专业设置时，应当注重专业的丰富性和专业课程的适用性。

从上文分析中可以看出，普通本科专业设置与学科知识、市场需求、个体发展之间均存在较强的逻辑性。因此，普通本科院校在进行专业设置时，应注重各要素之间的联系，对影响本科专业设置的逻辑要素进行融合与统一。既不能由于过于注重学科知识的发展而忽视了市场需求，也不能因过于重视市场需求，而忽视学科知识和学生个体发展。只有注重多视角逻辑的整合与统一，才能不断完善高校的专业设置，为社会培养适用的、具有较强综合能力和创新能力的时代人才。

第二节　多方利益关系制衡与统一原则

普通本科院校专业设置的主体涉及政府、社会和高校，这些主体均为普通本科院校专业设置的利益相关者。普通本科院校的专业设置应当坚持多方利益关系制衡与统一原则。本节主要对此进行详细分析。

一、普通本科院校专业设置的利益主体

普通本科院校专业设置的利益主体包括政府、社会和高校自身。普通本科教育属于高等教育的重要组成部分，高等教育是在完成中等教育的基础上进行的专业教育和职业教育，是培养高级专门人才和职业人员的主要社会活动。现代高等教育的内核体系包括独立的批判精神、学术自治以及自组织机制三个方面（表5-2）。

表5-2 现代高等教育的内核体系一览表

序号	项目	要点
1	独立的批判精神	1.高校的独立批判精神是人类在追求真理和科学的过程中所必备的特质 2.高校独立的批判精神作为高校独有的一种特质，逐渐发展成为现代高等教育的本质特征 3.高等教育的批判精神是高校学者在知识传承和传递、科研创造和探索真理过程中所形成的一种独有的求真、求实的特质，是人才培养、科研创造以及探索人类未知真理的内在需求，是高校独有的、受社会保护的特质
2	学术自治	1.学术自治和学术自由是高校作为一种社会组织所追求的目标，是学者追求真理必备的特质 2.高校的学术自治是由高校培养人才、追求真理，以及进行科学研究的本质所决定的，也是进行人才培养、知识传承、科学研究和真理探索的必备条件 3.高校的学术自治并不意味着高校享有的自由是绝对的，相反，高校享有的自由需在国家体制和法律的允许之内
3	自组织机制	1.高校的独立批判精神和学术自治，均依赖于高校的教育功能而实现 2.高校的职能除了培养社会人才之外，还包括服务于社会 3.高校聚集了国内外的优秀学者和海量学生，因而充满活力和发展潜力，拥有较高的社会声望

从高等教育的内核体系可以看出，高校作为高等教育的实施主体，具有较强的自主性。由于近现代以来，高校从"象牙塔"走向"社会中心"，政府和社会对高校专业设置的影响越来越鲜明，推动政府和社会，以及学生也成了高校专业设置的主体。

政府作为普通本科高校专业设置的主体之一，在设置普通本科专业方面起着宏观指导的作用。中华人民共和国成立以来，我国政府先后多次发布普通本科高校专业设置相关文件，为普通本科院校提供了专业目录。普通本科院校进行专业设置和调整，应当按照有关规定向教育部有关部门提交备案或审请，经教育部有关部门批准后，普通本科院校才能开设新专业。政府对普通本科院校专业设置的宏观调控，有利于引导普通本科院校朝着国家和社会需要的方向设置专业。

例如，20世纪五六十年代，我国普通本科专业设置以部门行业作为依据，专业就业面较为狭窄。进入21世纪后，我国普通本科专业设置以学科作为依据，且国家有关政策支持交叉学科专业的发展，将交叉专业列入了我国普通本科专业目录，极大地促进了高校交叉专业的发展。

高校专业设置与市场需要之间存在着较强的逻辑性，社会市场对高等教育人才的需求，直接影响着高校本科专业设置。21 世纪以来，由于我国高等教育的快速发展，以及大众化和普及化，社会市场需求对高校专业设置的影响越来越鲜明。

例如，近年来，由于社会科学技术的发展，以及社会经济发展水平的提高，国民对艺术的要求越来越高，社会市场对艺术人才的需求也越来越多，并朝着数字化和细分化方向发展。社会市场对人才的需求反映到普通本科院校专业设置方面，则表现为数字媒体艺术、艺术与科技、戏剧影视美术设计、影视技术等专业的兴起。

高校作为普通本科院校专业设置的主体之一，在普通本科院校专业设置方面具有较大的自主权。下面以北京大学为例进行分析。

近年来，北京大学自主设置的二级学科包括国家发展、风险管理与保险学、农村转型经济学、知识产权法、商法、国际经济法、财税法学、国际政治经济学、中国政治、比较政治学、国际组织与国际公共政策、国家安全战略与管理、老年学、社会工作与社会政策、女性学、党的建设、体育教育与管理、医学教育、临床心理学、中国民间文学、国别和区域研究、新媒体学、考古学理论与方法、中国考古学、博物馆学与文化遗产、高能量密度物理、化学生物学、化学（应用化学）、化学基因组学、环境地理学、地理学（历史地理学）、地貌学与环境演变、城市与区域规划、景观设计学、建筑文化与地域景观、国土空间规划、气候学、大气科学（物理海洋学）、材料及环境矿物学、石油地质学、生物信息学、生物技术、分子医学等。这些二级学科中有的属于本科专业，有的则属于硕士研究生或博士专业。无论哪类专业，均由北京大学自主设置。由此可见，高校在专业设置方面具有较大的自主权。

学生作为普通本科专业设置的直接利益相关者，也属于本科专业设置的利益主体之一。普通本科院校所设置的任何专业都以学生为主体，为学生服务，专业设置是否合理，能否符合学生的需要、促进学生的全面发展、培养学生的社会适应性，直接关系着学生未来的就业与发展。学生作为本科教育成果，其就业与发展不仅与自身有着莫大关系，对普通本科院校的形象、声誉以及专业设置也有着极其重要的作用。

普通本科院校某专业学生如果毕业后将面临难就业或就业差的境况，则不利于普通本科院校该专业未来的发展。相反，如果普通本科院校某专业学生走上工作岗位后，能够迅速承担岗位责任，并且具有较强的综合能力，那么，该专业在之后的招生中就会吸引大量学子报名。近年来，我国教育部每年发布的《普通高等学校本科专业备案和审批结果》中既包括新增专业，也包括撤销专业。其中，被撤销专业即为各高校历年在就业市场表现欠佳的专业。

近年来，由于我国高等教育改革的不断深化，高校办学理论逐渐转向"以学生为中心"，学生主体在普通本科专业设置中的影响越来越受重视。

政府主体、社会主体和高校主体、学生主体均在普通本科院校专业设置中拥有一定的权益，对普通本科院校的专业设置起着重要的影响作用（表5-3）。

表5-3　普通本科院校专业设置主体一览表

序号	主体	权益
1	政府主体	对普通本科专业设置进行宏观调控与服务
2	社会主体	1. 社会主体包括人才市场、社会中介组织，以及网络、媒体等，这些社会力量对高校本科专业设置均有一定的影响，其中以社会人才市场对普通本科专业设置的影响最为鲜明 2. 高校在充分尊重社会主体权益的同时，也应注意不盲目追求市场需求，抵御社会功利需求对普通本科院校专业设置的影响
3	高校主体	普通本科院校进行专业设置时应当准确把握政府的宏观调控政策，结合院校自身的办学条件与特色，对社会所需人才的结构与规格进行分析，不断优化专业结构，提高人才培养质量
4	学生主体	普通本科院校专业选择的权利

二、普通本科院校专业设置中各主体利益关系的制衡与统一

普通本科院校专业设置受到政府、社会、高校和学生等多个利益主体的影响，任何利益主体单独推动或压制某一个专业的设置与发展均会有损高等教育的完整属性，只有坚持普通本科院校设置中各个利益主体关系的

制衡与统一原则，才能确保普通本科院校专业设置的协调性与可持续发展。坚持普通本科院校专业设置中各主体利益关系的制衡与统一原则应从以下两个方面着手。

（一）明确普通本科院校专业设置各利益主体之间的联系

普通本科院校专业设置各利益主体之间存在相互依赖、相互影响的密不可分的联系。

普通本科院校作为特定国家或地区的院校，其所培养的人才应当适应国家或地区的人才政策或教育政策，还应充分考虑社会市场对人才的需求，以及学生的就业质量，由此可见，普通本科院校专业设置无法脱离整个社会的生态环境而独立进行。因此，普通本科院校专业设置应当在明确各利益主体之间联系的基础上进行，以推动普通本科院校专业设置的良性运作。

普通本科院校作为国家或地区政府进行本科教育培养活动的专业机构，其专业设置必须符合国家或地区未来发展的相关政策，遵循国家或地区相关法律、法规。然而，为了确保普通本科院校专业设置的自主权，激发普通本科院校的发展活力，为社会培养多样化人才，政府在普通本科院校专业设置中应当起到宏观调控的作用，对普通本科院校的专业设置方向进行引领，而不参与普通本科院校的具体专业设置。

国家或地区的发展方向，以及发展侧重点，能够对社会经济、科技以及人才市场需求等产生直接影响。例如，当国家大力扶持数字技术和数字经济发展时，社会上有关数字研究的机构、企业等则会获得较大的发展机遇，在短时间内得以快速发展。数字经济的快速发展，将带动人才市场数字人才需求，从而促使普通本科院校设置相应的专业培养数字人才。普通本科院校纷纷设置数字相关专业则会反过来促进社会人才的兴盛，以及数字经济的持续快速发展。此外，数字经济的快速发展，以及普通本科院校数字相关专业的设置，还将引导学生对该专业的选择。

从上述分析中可以看出，普通本科院校专业设置的多个利益主体之间存在着极为紧密的联系。其中，国家或地区政府的政策对社会人才需求、普通本科院校专业设置、学生的专业选择均起着宏观指导作用；社会人才需求能够对普通本科院校专业设置、学生的专业选择产生直接或间接的影响，也会对国家或地区政府宏观教育政策产生一定影响。普通本科院校的专业设置能够对政府宏观教育政策和社会人才需求进行反馈，并对学生的专业选择产生直接和长远的影响。学生的专业选择也能够反过来对政府宏观政策、市场的人才需求，以及学生的专业选择产生反作用。

值得注意的是，普通本科专业教育作为普通本科人才培养的主要力量，符合人才培养规律。普通本科教育大多为四年、五年，由于人才培养的迟效性，且人才市场的需求具有一定的波动性，因此，普通本科院校在进行人才培养时应当综合统筹各利益主体的权益，确保普通本科院校的专业设置更加科学，使普通本科院校的人才培养活动效率更高。

（二）普通本科院校专业设置各利益主体制衡与统一方式

普通本科院校专业设置各利益主体之间存在着密不可分的联系，各利益主体各自的需求不同，为了保证各利益主体之间关系的和谐与稳定，应当对普通本科院校专业设置中各利益主体之间的关系进行制衡与统一。具体来说，应从以下几个方面着手。

1.政府主体对普通本科院校专业设置进行调控

政府主体对普通本科院校的专业设置起着调控作用。具体来说，政府应当根据国家或地方综合发展的需求，对普通本科院校的专业设置进行宏观调控，引导普通本科院校开设契合国家或地方发展的专业，同时支持国家或地方某个特殊专业的发展。

以地方普通本科院校专业设置为例。地方普通本科院校专业设置除了立足国家经济发展方向，以及对人才的需求之外，还应结合地方综合发展实际，为地方经济的发展培养人才。地方普通本科院校的建设获得了地方政府和企业的大力支持，其毕业生基本在同一区域就业，与地方或区域经济保持着较为紧密的联系。地方产业结构调整、转型或升级均对地方普通本科院校的人才培养提出了要求。

以西北地区的高校为例。近年来，西北地区的经济获得了较大发展，西北不同省份的支柱产业和优势产业各有侧重。西北地区的高校进行普通本科专业设置时的侧重点也不尽相同（表5-4）。

表5-4　西北地区高校普通本科专业设置特点一览表

序号	省份	支柱产业		一流学科
1	陕西	能源化工产业、汽车产业、电子信息产业、航空航天产业、医药产业	西安交通大学	力学、机械工程、材料科学与工程、动力工程及工程热物理、电气工程、信息与通信工程、管理科学与工程、工商管理等
			西北工业大学	机械工程、材料科学与工程等
			西北农林科技大学	农学等
			西安电子科技大学	信息与通信工程、计算机科学与技术等
			长安大学	交通运输工程等
2	新疆	能源产业、新材料产业及旅游业	石河子大学	化学工程与技术等
3	甘肃	化工、机械、钢铁	兰州大学	化学、大气科学、生态学、草学等
4	宁夏	农业和旅游业	宁夏大学	经济学、法学、体育教育、汉语言文学、英语、数字与应用数学、地理科学、生物技术、机械工程、计算机科学与技术、水利水电工程、草业科学等
5	青海	生态旅游	青海大学	生态学、资源勘查工程、食品科学与工程、农学、草业科学等

　　从上表中可以看出西北地区高校的重点学科设置，基本均与地方支柱产业之间存在极为紧密的关系。由此可见，地方本科院校专业设置与地方经济发展之间存在较大联系。地方政府的相关政策对地方本科院校的专业设置有着直接或间接的影响。

　　2.社会主体积极参与普通本科院校专业设置

　　普通本科院校所培养的人才走上社会后，需要在社会上进行检验，本科人才与企业进行双向选择，只有被社会人才市场所接受的人才，才能为社会经济的发展贡献更大的力量。同时，社会企事业单位只有引进所需要的专门人才，才能顺利发展。

近年来，我国高校每年发布毕业生就业质量报告，而从各个高校的毕业生就业质量报告中可以看出该校不同专业毕业生的就业情况，便于高校根据毕业生就业率以及就业方式对本科专业进行调整，增加或撤销一些专业。由于社会主体对普通本科院校专业设置有较大影响，因此，社会主体应积极参与普通本科院校专业设置，确保普通本科院校专业设置满足社会人才需求。

3.学生主体应立足个体发展参与普通本科院校专业设置

学生在选择本科专业时，应从个体发展的视角出发，保证所选择的专业能够提升自身综合素质、增强自身职业竞争力、提高自身经济地位，并能够支持自己毕业走上社会岗位后，在市场竞争中获得良好的生存与发展机遇。

学生作为高等教育服务的购买者，虽然不能够对普通本科院校专业设置产生直接影响，但是却能够通过其毕业后在人才市场上的竞争力、职业发展道路，以及对专业教育的评价等对普通本科院校的专业设置进行反馈与影响。

以人工智能专业为例。人工智能专业是一个新兴专业，自其被列入我国普通高等学校本科专业目录以来即备受各高校瞩目。在短短数年内，我国开设人工智能专业的高校已达数百所。不同高校人工智能专业的教师资质、教学水平和教学硬件设施建设存在较大区别，所培养出来的学生在进入社会人才市场后，专业能力与综合素质存在一定的差距，从而可向设置该专业的本科院校进行反馈。高校则根据反馈对该专业进行调整，或增强专业师资力量、建设实践基地，或创新教育教学方式、调整专业课程，等等。

4.高校主体综合考虑各利益主体的需求进行本科专业设置

普通本科院校作为本科专业设置的利益主体，拥有一定的专业设置自主权，其应当综合考虑政府、社会、学生等各利益主体需求，结合自身的性质、未来发展规划，以及综合实力进行普通本科专业设置。

综上所述，普通本科院校专业设置应当兼顾不同利益主体的需求，在对不同利益主体的需求进行整合与统一的基础上设置本科专业。

第三节　多样需求方向兼顾与统一原则

普通本科院校专业设置既关系着我国高等教育的整体质量，又关系着普通本科院校自身的发展；既关系着国家或地方人才培养的方向与质量，又关系着学生的个体发展方向与前景。因此，普通本科院校专业设置需对多个需求方向进行兼顾与统一。

一、普通本科院校专业设置的需求方向概述

普通本科院校专业设置的需求方向在这里指不同利益主体对普通高校专业设置的需求方向，而并非本科专业设置的具体方向。政府、社会、高校和学生对普通本科院校专业设置的需求方向如下文所述。

（一）社会服务需求方向

从总体上来看，无论是部属高校还是地方所属高校均致力于为社会培养人才。从政府主体的需求来看，普通本科院校作为我国高等教育的重要组成部分，应当主动适应社会的发展，推动社会现代化建设。一般而言，从普通本科院校的主管部门即可观察出普通本科院校的社会服务需求方向与要点。

我国普通高等学校根据主管部门大体可以划分为中央部属高校和地方所属高校，两种类型。其中，中央部属高校又可以划分为教育部直属学校，包括北京大学、清华大学、中国人民大学、北京科技大学、北京化工大学、北京邮电大学、中国农业大学、中国林业大学、中国传媒大学、中央财经大学等；中央统战部主管高校，如华侨大学等；工业和信息化部主管高校，如北京航空航天大学、北京理工大学、哈尔滨工业大学、南京航空航天大学、西北工业大学等；国家民族事务委员会主管高校，包括大连民族大学、中南民族大学、西南民族大学、北方民族大学等；应急管理部主管高校，包括中国消防救援学院、华北科技学院等；国家体育总局主管高校，包括北京体育大学等；中国科学院主管高校，包括中国科学技术大学等；交通

运输部（中国民用航空局）主管高校，包括中国民航大学、中国民用航空飞行学院等；中国地震局主管高校，包括防灾科技学院等；中华全国总工会主管高校，包括中国劳动关系学院等。

由于主管部门不同，不同高校所培养的本科人才走上社会后为社会服务的方向存在一定的差异。

地方所属高校一般隶属于全国各省、自治区、直辖市、港澳特别行政区，且大多数靠地方财政供养，即由地方行政部门划拨经费。地方所属高校主要面向所属省区招生，承担着为区域培养人才以及为地方经济和社会发展服务的责任。从地方所属高校的社会服务需求方向来看，地方所属高校的专业设置应当兼顾国家建设方向与地方发展方向。

普通高等学校主管部门和学校名称如下表5-5所示。

表5-5 普通高等学校主管部门和学校名称一览表

序号	主管部门	学校名称
1	教育部直属高等学校	北京大学、中国人民大学、清华大学、中央音乐学院、中央戏剧学院、中央美术学院、北京林业大学、北京交通大学、北京外国语大学、中国政法大学、中国传媒大学、北京中医药大学、北京语言大学、北京师范大学、对外经济贸易大学、北京化工大学、北京邮电大学、中国地质大学（北京）、华北电力大学、中央财经大学、中国矿业大学（北京）、中国农业大学、北京科技大学、中国石油大学（北京）、国际关系学院（教育部管理）、南开大学、天津大学、复旦大学、上海交通大学、同济大学、上海财经大学、华东理工大学、东华大学、上海外国语大学、华东师范大学、南京农业大学、中国矿业大学、东南大学、河海大学、中国药科大学、江南大学、南京大学、武汉大学、华中师范大学、华中农业大学、中南财经政法大学、武汉理工大学、华中科技大学、中国地质大学（武汉）、长安大学、西安交通大学、西北农林科技大学、陕西师范大学、西安电子科技大学、四川大学、西南交通大学、电子科技大学、西南财经大学、山东大学、中国海洋大学、中国石油大学（华东）、吉林大学、东北师范大学、中山大学、华南理工大学、东北大学、大连理工大学、中南大学、湖南大学、重庆大学、西南大学、东北林业大学、合肥工业大学、浙江大学、兰州大学、厦门大学

序号	主管部门	学校名称
2	国务院侨务办公室直属高等学校	华侨大学、暨南大学
3	工业和信息化部直属高等学校	北京理工大学、北京航空航天大学、南京理工大学、南京航空航天大学、哈尔滨工业大学、哈尔滨工程大学、西北工业大学
4	中央军事委员会直属高等学校	国防大学、国防科学技术大学
5	国家民族事务委员会直属高等学校	中央民族大学、中南民族大学、西南民族大学、西北民族大学、北方民族大学、大连民族学院
6	公安部直属高等学校	中国人民公安大学、中国刑事警察学院、中国人民武装警察部队学院、铁道警察学院、公安海警学院
7	交通运输部直属高等学校	大连海事大学
8	共青团中央委员会直属高等学校	中国青年政治学院
9	外交部直属高等学校	外交学院
10	司法部直属高等学校	中央司法警官学院
11	卫生部直属高等学校	北京协和医学院（原中国协和医科大学）
12	国家体育总局直属高等学校	北京体育大学
13	中共中央办公厅直属高等学校	北京电子科技学院
14	中华全国总工会直属高等学校	中国劳动关系学院
15	中华妇女联合会直属高等学校	中华女子学院
16	中国民用航空局直属高等学校	中国民航大学、中国民用航空飞行学院、广州民航职业技术学院
17	国家矿山安全监察局直属高等学校	华北科技学院
18	中国地震局直属高等学校	防灾科技学院
19	中国海关总署直属高等学校	上海海关学院

续　表

序号	主管部门	学校名称
20	国家林业局直属高等学校	南京森林警察学院

部属高校由于主管部门的性质和职责不同，所培养的人才适用方向也不尽相同。

例如，教育部直属高校有 75 所，涉及北京市、天津市、上海市、江苏省、湖北省、陕西省、四川省、山东省、吉林省、广东省、辽宁省、湖南省、重庆市、黑龙江省、安徽省、浙江省、甘肃省、福建省等省市的多所高校。教育部直属高校一般综合实力较强、学科特色较为鲜明，有利于探索高等教育改革，在优化教学、科研和社会服务等方面发挥示范作用。

又如，国家体育总局主管的北京体育大学是为我国培养高素质体育人才的院校，受这一社会服务需求方向的影响，北京体育大学设置了体育与健康学部、人文社科学部、奥林匹克运动学部、体育工程学部 4 个学部。体育与健康学部下设教育学院（体育师范学院）、心理学院等 7 个学院，该校所设置的课程多与体育相关，包括体育教育、运动训练、运动人体科学、运动康复、体育经济与管理、休闲体育、体能训练、冰雪运动、智能体育工程等，除此之外还设置有英语、俄语、新闻学、应用心理学、旅游管理等专业，这些专业一般偏重于体育相关的方向。

再如，应急管理部主管的中国消防救援学院，为中国第一所专门的消防救援本科院校，其主要培养应急救援方向的人才，为社会应急救援部门服务。该校所设置的本科专业包括消防指挥、消防工程、飞行器控制与信息工程、抢险救援指挥与技术、思想政治教育、消防政治工作。

除了主管部门之外，不同高校的性质不同，其服务社会的方向也不尽相同。例如，普通本科院校中的师范院校专门培养师范人才，其服务社会的方向主要为中小学教育或幼儿教育。

普通本科院校专业设置应充分考虑其社会服务方向，以进行调整，为国家有关部门或地方培养和输送特定人才，提高人才供给的质量与效率。

（二）经济效益和社会效益需求方向

普通本科院校作为一个为社会培养人才的组织，应促进经济效益与社会效益的和谐统一。经济效益，在这里指普通本科院校作为独立的教育组织，在高等教育大众化和普及化的背景下，实现自身的经济价值。社会效益需求，在这里指普通本科院校满足社会对不同人才类型的需求。

对于普通本科院校来说，扩大办学规模，开设更多专业，在一定程度上可以提升普通本科院校的经济效益。然而，受教育资源的制约，同一所普通本科院校在一定时间内无法开设无尽专业，否则可能导致高校的基本教学质量和教学秩序无法保障，最终造成普通本科院校的经济效益和社会效益脱节。

综上所述，普通本科院校专业设置应当充分考虑经济效益和社会效益的结合，唯其如此才能确保普通本科院校专业设置的科学性和长远化。

（三）普通本科院校自身可持续发展需求方向

普通本科院校作为独立的高等教育组织，受社会政策和经济的影响较大。进入新时代之后，受国家政策和社会发展的影响，高校之间的竞争越来越激烈。无论是地方高校还是全国知名高校均面临着前所未有的竞争与挑战。根据教育部公布的数据显示，截至 2021 年 9 月 30 日，全国高等学校共计 3 012 所，其中普通高等学校 2 756 所（本科 1 270 所、专科 1 486 所），成人高等学校 256 所。该数据中未包含台湾省、香港特别行政区和澳门特别行政区高等学校。由于社会的不断发展与进步，许多新的高校正在筹划之中。普通本科院校只有不断提升教学质量、提升高校形象、优化专业设置，才能从数千所高校中脱颖而出，才能保障普通本科院校自身的可持续发展。

普通本科院校自身的可持续发展方向与普通本科院校的专业设置之间存在极其重要的关系。普通本科院校的专业设置通常决定着学校的发展方向。例如，一所普通本科院校的专业设置偏理工科，则该校的发展方向即为理工科院校；相反，如果一所普通本科院校的专业设置偏综合，则该校的发展方向即为综合性院校。如果一所新建普通本科院校一味模仿其他本科院校的专业设置，则其可能无法在与同类普通本科院校的竞争中脱颖而出，难以实现长远发展。

以上海应用技术大学为例。上海应用技术大学肇始于 1954 年。2000 年，上海轻工业高等专科学校、上海冶金高等专科学校、上海化工高等专科学校合并组建上海应用技术学院，2006 年原国家轻工业部所属上海香料研究所并入学校。2008 年其正式成为硕士学位授权单位，2016 年经教育部批准更名为上海应用技术大学，2021 年获批为博士学位授予单位。上海应用技术大学的真正建立始于 2000 年，属于新建普通本科院校。然而，在短短 20 余年中，该校以特色化的本科专业设置，在众多新建普通本科院校中脱颖而出。

截至 2021 年底，上海应用技术大学设立了 55 个本科专业，包括材料科学与工程、复合材料与工程、材料物理、视觉传达设计、环境设计、产品设计、绘画专业、园林、园艺、生态学、风景园林、化学工程与工艺、制药工程、应用化学、环境工程、生物工程、食品科学与工程专业、香料香精技术与工程、化妆品技术与工程专业等。

其中，材料类中的材料科学与工程专业为该校的特色专业。此外，该校的市场营销专业、信息管理与信息系统专业、食品科学与工程专业、视觉传达设计专业、香料香精技术与工程专业、制药工程专业、化学工程与工艺专业、土木工程专业、软件工程专业、材料物理专业等跻身国家级一流本科专业建设点；复合材料与工程、机械设计制造及其自动化（中外合作办学）、机械设计制造及其自动化（卓越工程师计划试点班）、机械设计制造及其自动化、过程装备与控制工程、电气工程及其自动化（中外合作办学）、电气工程及其自动化（卓越工程师计划试点班）、计算机科学与技术专业、安全工程专业、工程管理专业、应用化学专业、化妆品技术与工程专业、会计学专业、国际经济与贸易专业、风景园林专业、园艺专业、劳动与社会保障专业等则被列为上海市一流本科专业建设点。此外，该校的多个专业还被纳入教育部"新文科""新理科"研究与改革实践项目。

上海应用技术大学的普通本科专业设置立足应用技术方向，集中优势教育资源建设特色专业，为该校的可持续发展奠定了基础。

综上所述，普通本科院校的专业设置应注重差异化的发展方向，为该校的可持续发展助力。

（四）与学科建设发展相协调的需求方向

除以上几个方面的需求之外，普通本科院校的专业设置还应坚持与学科建设相协调的方向。学科建设与专业设置之间存在极为密切的正相关逻辑关系，其中学科对专业起支撑作用，而专业对学科发展则具有牵引作用。

纵观我国上千所普通本科院校的优势专业或特色专业，均与该校的优势学科或特色学科之间存在紧密关联。

以北京交通大学的学科与专业建设为例。北京交通大学的一级学科为交通运输工程和信息与通信工程。其中，交通运输工程下设的道路与铁道工程、交通信息工程及控制、交通运输规划与管理、载运工具运用工程专业，以及信息与通信工程下设的通信与信息系统、信号与信息处理专业均为该校的特色和重点专业。

综上所述，普通本科院校的专业设置需要满足多种需求方向，只有坚持多种需求方向统筹与统一，才能设置出符合普通本科院校发展实际，推动普通本科院校可持续发展的专业。

二、普通本科院校专业设置中多样需求方向的兼顾与统一

进入 21 世纪后，随着中国综合国力的发展，中国在国际上的影响力越来越大，改善中国的国际形象成为新的历史阶段的重要任务。这一时期中国开始从多个方面入手，制定新的文化战略，即通过文化交流、文化贸易、语言文化教育等途径全面提升中国文化软实力。一个国家的文化软实力由这个国家的各种文化基因相互渗透和交织而成。高等教育作为未来国家人才培养的重要组织，在国家文化软实力提升中扮演着极其重要的角色。

一个国家的高等教育发展和人才培养，均需以普通本科专业设置作为支撑。普通本科院校专业设置中的多样需求方向代表着普通本科院校发展过程中需要考虑的各种制约因素，在进行普通本科院校专业设置时应注意各项需求之间的差异，使普通本科院校专业设置的多样需求方向呈现出协调统一与可持续发展特点。

普通本科院校专业设置在充分考虑院校自身经济效益的同时，也应坚持社会效益；在充分考虑学科建设与专业设置之间的关系的同时，也应凸显特色化和差异化。此外，普通本科院校专业设置还应兼顾预测的前瞻性。

近年来，我国实施的"双一流"建设工程，即立足我国高等教育实际，瞄准世界一流高校和一流学科积极增强我国高等院校的实力，打造世界一流的学科和专业。而打造世界一流学科和专业离不开专业设置预测的前瞻性。任何普通本科院校的专业设置预测均需具有前瞻性，唯其如此，普通

本科院校的专业设置才能呈现出可持续发展的特点。

任何普通本科院校的专业设置都要兼顾传统专业与新兴专业。其中传统专业设置包括基础学科的专业设置。例如，哲学门类下的哲学类一级学科和哲学二级学科；经济学门类下设的经济学类一级学科和经济学二级学科；法学门类下设的法学类一级学科和法学二级学科；教育学门类下设的教育学类一级学科和教育技术学二级学科；文学门类下设的中国语言文学类一级学科和汉语言文学、汉语言二级学科；历史学门类下设的历史学类一级学科和历史学二级学科；理学门类下设的物理学类一级学科和物理学二级学科；等等。这些基础专业所学的知识通常为该学科所必须具备的基础知识，因此具有较强的适用性和应变性。无论时代如何发展，基础专业所培养的人才在社会各个发展时期均具有一定的社会需求。

除了基础专业之外，普通本科院校的各学科门类通常还会设立大量符合社会经济发展和社会人才市场需要的专业，这些专业能够使普通本科院校紧跟社会经济发展趋势，培养适应社会经济发展需要的人才。例如，由于我国老龄化社会的到来而出现的大量与健康护理或老年护理相关的专业等，这些专业即具有较强的前瞻性。

值得注意的是，普通本科院校在进行前瞻性专业设置时，应当保证与自身的性质、优势学科与专业相契合，唯其如此才能在坚持普通本科院校发展方向的基础上，集中资源建设具有前瞻性的新专业。

以西安交通大学为例。西安交通大学属于"双一流"建设高校，其"双一流"建设学科主要包括机械工程、材料科学与工程、动力工程及工程热物理、电气工程、力学、信息与通信工程、管理科学与工程、工商管理等。近年来，西安交通大学为适应社会经济和科技的新发展，增设了一系列具有前瞻性的学科，具体包括智能制造工程专业、能源互联网工程专业、网络安全专业等。其中，智能制造工程以先进制造和人工智能互联网大数据的深度融合为特征，以机械工程优势学科为主干，交叉融合了通讯、计算机、工业工程，培养掌握先进计算机技术和制造工程学识的复合型人才；能源互联网工程致力于引导学生深刻理解电、热、冷、气等多种能源体系，及其相互转换的基础原理，培养掌握信息技术和能源产业深度融合关键知识与技能的人才；网络安全以网络空间安全国际学术前沿和国家安全的重大需求为导向，以国家安全观为指导，以人才培养为中心，全力开展相关研究活动。这三个新增的专业均兼顾了近年来计算机和通信技术的新发展，同时又立足西安交通大学自身的发展方向。

综上所述，普通本科院校专业设置在兼顾多样需求方向之外，不应当故步自封，或盲目地、被动地、缺乏规划地对普通本科专业进行调整，而应当充分立足普通本科院校自身的资源与发展方向，结合国家或地域发展方向与人才市场需求，设置出符合未来社会政策和经济发展远景规划的专业，为未来国家或地方的经济腾飞做好人才储备。

第六章　新时代普通本科院校专业设置与优化的对策

第一节　坚持具有时代性的专业设置与优化理念

普通本科院校专业设置的优化应当以理念优化作为前提，只有设置了先进的理念，普通本科院校才能设置出符合时代发展的专业。

一、以科学理念指导新时代普通本科院校专业设置与优化

普通本科院校的专业设置是一个极为复杂且关联较广的系统工程，新时代普通本科院校进行专业设置与优化时应当充分坚持科学理论为指导，同时政府、社会和高校应当在思想上达成共识，明确自身的角色定位，充分发挥自身的职能，协同发力，共同推进普通本科院校专业设置与优化。具体来说，应从以下几个方面着手。

（一）政府有关部门应当充分发挥宏观调控职能，不断强化服务意识

纵观 1949 年以来我国普通本科院校专业设置与优化的历史，我国政府有关部门在其中发挥了极其关键的作用，由于我国社会经济的发展以及社会转型的需要，政府有关部门在普通本科院校专业设置与优化中担当的角色也发生了较大转变。尤其是进入 21 世纪以来，我国政府有关部门对普通本科院校专业设置与优化的影响以宏观调控和指导为主。政府有关部门指导普通本科院校专业设置与优化的特点与政府有关部门自身的定位有着极为紧密的关系。

政府有关部门由于掌握了各普通本科院校专业设置的有关信息，因此可以从宏观和全景视角判断不同地区个别高校专业发展的条件，而个体高校掌握的相关信息深度远远不及政府有关部门。因此，政府有关部门应当切实担当起相应职责，充分发挥宏观调控的职能，为普通本科院校的专业设置提供指导。

例如，政府有关部门可为普通本科院校提供本区域各行业人才需求预

测、具体专业布点信息，以及区域内急需发展的各专业年度就业率和就业质量等信息。通常来说，普通本科院校仅能够统计本校各专业的年度就业率和就业质量，而对区域内或全国范围内的具体专业就业率、就业质量，或不同专业的布点以及急需专业等信息则无法接触或掌握。有鉴于此，政府有关部门应当切实担当起自身的职责，通过建立多部门联动机制，或联合第三方专业机构，充分汇集教育部门、人力资源部门以及发展和改革委员会等部门的力量为普通本科院校提供更加科学、精准，以及个性化的信息服务，推动普通本科院校的专业设置进一步优化。

以普通本科院校专业布点信息为例。近年来，教育部每年公布的年度普通高等学校本科专业备案和审批结果，以及新增专业点、撤销专业点等相关文件即提供了普通高等学校本科专业的布点信息。

再以普通本科院校专业就业率以及市场反响为例。近年来，我国教育有关部门要求各高校每年发布毕业生就业质量报告，在这些报告中，以数据形式呈现出各院系以及各专业毕业生的就业率。普通本科院校通过历年本校毕业生就业质量报告中的数据即能够明确本校各个本科专业的就业率和市场反响。

浙江省部分高校发布的 2021 年度毕业生岗位匹配数据如下表 6-1 所示。

表6-1　浙江省2021届部分高校毕业生岗位匹配情况一览表

学校名称	专业相关度
浙江大学	2021 届毕业生就职岗位与所学专业相关度较高，占总毕业生人数的 72.00%，其中非常相关的比例为 36.16%；与专业不相关的岗位占比则为 13.26%
浙江理工大学	2021 届毕业生学用匹配度居于高位，超八成毕业生均可以学以致用，分学历层次来看，本科毕业生专业相关度为 85.04%，毕业研究生专业相关度为 87.55%。其中，本科生认为专业与职业很相关的占比为 31.74%；研究生认为专业与职业很相关的占比为 31.57%
杭州师范大学	2021 届毕业生专业对口率为 89.4%，其中认为非常对口的占比为 51%
浙江工商大学	毕业生所学专业与工作的相关度为 80.52%。分学历来看，本科毕业生就业专业相关度为 78.70%，毕业研究生就业专业相关度为 82.94%

学校名称	专业相关度
中国计量大学	2021 届本科毕业生中的 84.48% 认为目前就职岗位与所学专业相关，其中非常相关的占比为 19.73%
浙江财经大学	2021 届本科毕业生所学专业与工作的相关度为 77.41%，其中"非常相关"占比 18.82%，"相关"占比 29.62%，"比较相关"占比 28.97%
杭州职业技术学院	2021 届毕业生中 72.50% 认为目前就职岗位与所学专业相关，其中认为"很相关"的占比为 18.66%
浙江水利水电学院	2021 届毕业生目前就职岗位与所学专业的相关度为 80.02%，其中本科毕业生为 80.33%，专科毕业生为 77.27%
浙江工商职业技术学院	2021 届毕业生中的 75.29% 认为目前就职岗位与所学专业相关，其中认为"很相关"占比 16.86%
浙江经贸职业技术学院	2021 届毕业生中的 91.23% 认为在校学习的专业课程与职业相关度较高，在职场发展中较为重要，其中极其重要的占比为 19.38%
温州大学	88.56% 的本科毕业生认为目前就职岗位与所学专业对口，其中认为"很对口"的占比为 46.20%

注：本表根据浙江省各高校 2021 年毕业生质量报告中的数据制作而成。

各省市政府有关部门或社会第三方机构每年会发布年度区域或全国高校专业就业率以及个别专业的市场反响，这些均能够为普通本科院校专业的设置或优化提供重要依据。

例如，浙江省教育厅每年发布全省普通高校毕业生就业质量年度报告，以及全省高校毕业生职业发展状况、人才培养质量调查报告，即对全省范围内包括普通本科院校在内的高校毕业生的就业质量以及人才培养质量等进行调查，并通过数据的形式反映出该省历年专业的市场接纳情况。这些信息均有利于普通本科院校专业设置调整优化。

（二）社会企事业单位应当增强参与普通本科院校专业设置的积极性

社会企事业单位是普通本科院校毕业生的流入方向，在人才市场的有关机制下，普通本科院校所培养的毕业生最终将进入社会各行各业。在社会语境下，普通本科院校专业设置与市场的匹配情况，能够通过社会企事业单位对不同高校专业毕业生的评价反映出来。从这一视角来看，社会企事业单位应当增强参与普通本科院校专业设置的积极性，为普通本科院校提供人才信息服务和专业设置决策意见，并对普通本科院校各专业毕业生在工作中的表现进行评价与反馈，从而有利于普通本科院校对专业设置进行调整和优化。

普通本科院校作为高等教育人才培养单位，其"产品"即为各专业人才，而由于教育的特殊性质以及专业人才培养特点，普通本科院校所培养的各专业人才通常具有滞后性。一般而言，普通本科院校各专业的学习年限多为四年，甚至五年，即普通本科院校各专业的人才是否适应社会企事业单位的需要，往往要等到四五年后，甚至更长时间才能得出结论。因此，普通本科院校在进行专业设置时，往往具有一定的前瞻性。社会企事业单位作为普通本科院校人才的接受方，以及高等教育人才的直接需求方，较其他任何社会组织和机构都更清楚人才的需求信息。有鉴于此，社会企事业单位应进一步明确自身在普通本科院校专业设置中应承担的责任，积极转变观念，不断提升参与普通本科院校专业设置的热情。

具体来说，企事业单位可通过为区域内普通本科院校提供具体的人才需求信息服务，帮助普通本科院校更加精准和科学地预测四五年后某行业的人才需求信息，从而对专业设置进行调整优化。此外，企事业单位还可以通过与高校协作的方式，积极深入地参与到普通本科院校专业设置中，从而实现与高校的协作共赢，提升普通本科院校专业设置的市场适应性。

例如，近年来，许多地方普通本科院校为了更好地服务地方企事业单位，即与区域内具有影响力的企事业单位合作，共同设置专业，为区域内的企事业单位培养适应性高的人才。

（三）普通本科院校应当提升专业设置与优化的主体意识

普通本科院校作为专业设置、调整与优化的主体，近年来在专业设置方面的自主权进一步增强，因此普通本科院校应当进一步提升专业设置与优化的主体意识，不断提升专业设置与优化的科学性。具体来说，普通本科院校应当从以下几个方面着手进行专业设置与优化。

1. 立足普通本科院校定位

任何普通本科院校在创办之初都确立了办学定位，而办学定位与专业设置之间存在极为密切的关系，即办学定位是专业设置的指南。不同普通本科院校的办学定位不同，其专业设置的方向与类型则存在较大差异。

例如，理工类办学定位的院校，其专业设置的方向多为理工科专业，优化发展的特色专业也为理工科专业，即便该校存在一定的文科专业，其专业发展资源通常也较理工科专业发展资源比重略轻。又如，农林类办学定位的院校，其专业设置的方向多为农林类专业，特色专业多为农林类相关的专业，文科或理工类、管理类等专业在农林类定位的院校获得的资源通常少于农林类相关专业。有鉴于此，普通本科院校进行专业设置与优化时，应当立足本校的定位，发扬本校的专业特色。

值得注意的是，普通本科院校的办学定位通常与本校的学科专业基础有关，而受社会人才市场的影响相对较小，不因社会人才市场的变化而更改办学定位。

2.遵循学科知识生长逻辑

学科与专业之间的联系极为密切，普通本科院校的专业既与学科知识的分类有关，又与社会分工有关。知识来源于人类个体的、主观的零散经验，经历不断的实践与探索之后，人类个体的经验经过推广，并经由众人的实践与证实，逐渐成为一种具有普遍性和客观性的知识。当这些知识达到一定的数量后，人们通过梳理对零散的知识进行整合与分类，结合知识的生长逻辑与不同的属性，将知识划分为不同的学科。学科知识的发展通常需要结合社会分工，反映在普通本科院校中则为对不同学科进行细分，将不同学科划分为不同的专业方向。同一学科下不同专业方向的知识发展，能够促进学科的成长与发展。

由于社会分工越来越细，普通本科院校的专业划分越来越细，然而在社会和时代发展中解决传统社会问题的同时，又面临着新的更加复杂的社会发展形势，所以凭借某一种细分专业通常无法为社会发展面临的新情况找到解决方案。此时，社会即会产生复合型或综合型专业人才需求，而各学科知识除了朝细分方向发展之外，还需呈现出交叉发展的趋势。由于学科知识生长逻辑所表现出来的"整合—细分—融合"发展特点，普通本科院校专业设置也开始朝着交叉学科专业的方向发展，出现了多种交叉性质的本科专业。

综上所述，根据学科知识的生长逻辑，普通本科院校在进行专业设置与优化时，应当充分遵循学科知识的生长逻辑，结合时代的需要，对一些已有专业进行调整或合并，从而形成交叉性学科专业或跨学科专业，以培养符合社会市场需要的复合型人才。

二、以统筹兼顾的理念指导新时代普通本科院校专业设置与优化

新时代普通本科院校专业设置与优化还应当坚持统筹兼顾的理念。具体来说，新时代普通本科院校专业设置与优化应当注重时代性，紧跟时代发展，同时还应兼顾高校效益与社会效益、地方发展之间的和谐统一。

（一）新时代普通本科院校专业设置与优化应树立注重时代性，紧跟时代发展的理念

新时代普通本科院校专业设置与优化应当与时代的发展同步，并具备一定的前瞻性，走在时代发展的前沿，如此才能确保专业知识的适用性与实用性，提高专业人才的市场适配率。

普通本科院校的人才培养具有一定滞后性，为了确保普通本科院校各专业毕业生在激烈的市场竞争中脱颖而出，获得一席之地，普通本科院校的专业设置应当与时代发展同步，体现出一定的预测性与前瞻性。

1.以时代发展作为普通本科专业设置的风向标

随着时代的发展，社会知识一直处于不断更新之中。纵观人类社会的发展，大体经历了石器木器时代、金属时代、造纸术和印刷术时代、工业化时代、电气化时代、信息化时代等阶段，不同时代的社会知识构成不尽相同。石器木器时代，人类所掌握的知识主要为石器制造与使用、木器制造与使用；信息化时代，人类所掌握的知识则主要为计算机信息技术相关的知识，以及在此基础上产生的计算机信息技术在各个领域的应用与实践知识等。

只有以时代作为普通本科院校专业设置的风向标，才能立足各学科和各专业知识的发展前沿，为时代新知的发展提供良好的生长环境，同时为时代新知识的传播拓宽渠道，培养掌握时代新知、能够应用时代新知解决时代发展难题的普通本科人才。

例如，近年来，计算机信息技术的新发展，推动社会进入"智能＋"时代，普通本科院校为了适应时代发展，纷纷在原有学科和专业的基础上推出了一系列新工科、新农科、新文科等专业，这些专业以社会智能技术的发展和最新研究作为依托，培养与时代发展同步的专业人才。

2.紧跟时代发展了解普通本科专业人才缺口

普通本科院校除了以时代发展作为专业设置的风向标之外，还应当结合时代发展，对时代发展所需要的人才缺口进行了解，以便新增相关专业，为社会培养时代人才。

以数字化人才为例。中国信息通信研究院发布的《中国数字经济发展报告（2022年）》显示，2021年中国数字经济规模达到45.5万亿元。由于数字经济的发展，社会对数字化人才的需求量越来越大，数字化人才缺口已接近1 100万人，且由于我国数字化经济的不断快速发展，数字化人才的缺口还将进一步扩大。因此，近年来，哈尔滨工业大学、中山大学、华南理工大学、湖南大学、暨南大学、长沙理工大学、天津工业大学、桂林电子科技大学、中国传媒大学、安徽财经大学、中央民族大学、哈尔滨商业大学、铜陵学院、福建工程学院、江西财经大学、长沙理工大学、湖南人文科技学院、广东财经大学、桂林电子科技大学、西南财经大学、南开大学等许多普通本科院校纷纷开设了数字经济专业等，在新一轮全球科技革命背景下为国家培养数字经济人才。

（二）新时代普通本科院校专业设置与优化应遵循高校效益与社会效益、地方发展和谐统一的理念

新时代普通本科院校专业设置与优化还应当遵循高校效益与社会效益、地方发展和谐统一的理念。普通本科院校专业设置与高校自身的实力、效益之间存在直接的关系，如果不考虑高校自身的实力与效益盲目设置专业，则无法确保普通本科院校的长远可持续发展。例如，某地方普通本科院校原为师范院校，后改为综合院校，为了在众多高校中脱颖而出，又改为应用型高校，而且该校的专业设置一开始偏重师范类专业，之后到师范类专业与非师范类专业兼具，再到偏重于应用型专业，脱离该校的学科基础和综合实力进行专业设置，最终导致该校的专业设置特色模糊，导致社会公众对该校的印象也逐渐模糊化。

普通本科院校作为社会人才培养机构，其专业设置应当兼顾社会效益，同时充分考虑国家与地方发展的需求。

任何普通本科院校由于主管部门、性质、办学方向等不同，其影响力的辐射范围也不尽相同。一般而言，普通本科院校的影响力通常与其自身效益、社会效益，以及其对全国或区域发展的影响有着直接联系。普通本科院校的影响力辐射范围具有由点及面、由本地向四周地区辐射的特点。

以广西省地方普通本科院校为例。地方普通本科院校在地方政府与地方教育部门支持下建立，其专业设置主要偏向为地方服务。受专业定位以及毕业生就业范围等的影响，地方普通本科院校的专业设置具有明显的为地方需求服务的特点。

广西地区近年来由于社会产业结构的发展，第一产业吸纳就业人员的空间不大，第二、三产业吸纳就业人员的空间相对较大，因此广西省许多地方普通本科院校在进行专业设置时更加偏向第二、三产业人才培养。

例如，近年来，广西省内的普通本科院校增设了大量专业点，其中广西警察学院增设的专业包括禁毒学、公安管理学、网络安全与执法、监狱学、警务指挥与战术、经济犯罪侦查、犯罪学、司法警察学等；广西艺术学院增设的专业包括公共艺术、中国画、书法学、工艺美术、艺术史论、数字媒体艺术、流行音乐、艺术管理（艺术学门类）、广播电视学、建筑学（非艺术门类）等；桂林医学院增设的专业包括康复治疗学、卫生检验与检疫、食品卫生与营养学、生物医学工程、医学影像学、助产学、儿科学、智能医学工程等。纵观广西警察学院、广西艺术学院和桂林医学院三所地方院校增设的专业，其几乎均服务于第三产业。

又如，近年来，由于我国"一带一路"倡议的提出，广西省内高校结合广西省的特殊地理区位以及"一带一路"倡议辐射范围，纷纷推出了为地方人才市场服务的语言类专业。2012年至2020年，包括广西大学、广西外国语学院、北部湾大学、广西民族师范学院、河池学院、百色学院以及桂林学院在内的广西省高校增设了柬埔寨语、印度尼西亚语、马来语、缅甸语、老挝语、越南语、泰语等东南亚国家的语言，为地方发展助力。

综上所述，普通本科院校专业设置应当具有前瞻性，紧跟时代发展，促进普通本科院校自身的效益与社会效益和谐发展。

第二节　建立健全普通本科院校专业管理体制

新时代普通本科院校专业设置及优化在遵循先进理念的同时，还要求建立健全专业管理体制。本节主要对此进行详细分析。

一、政府建立健全普通本科院校专业管理体制

普通本科院校专业设置管理体制的构建，有利于指导普通本科院校不断调整和优化本科专业，确保普通本科院校的专业设置能够紧跟时代的发展。政府有关部门作为普通本科院校专业设置的重要主体之一，能够通过相关政策以及信息服务为普通本科院校的专业设置提供相应的宏观指导，助力普通本科院校专业设置。鉴于政府有关部门在普通本科院校专业设置中所起的重要作用，政府应当建立健全普通本科院校专业管理体制，具体来说，可从以下几个方面着手。

（一）建立健全普通本科院校专业信息指导管理体制

政府有关部门在普通本科院校专业设置中应当充分发挥宏观指导作用，为普通本科院校的专业设置提供信息指导。例如，教育部发布的年度普通高等学校新增与撤销专业，以及历年列入普通高等学校本科专业目录的新专业名单、自主设置交叉学科名单等，这些信息均能够使普通本科院校获得全国范围内所有院校的专业设置信息以及专业撤销信息，有利于普通本科院校结合自身的定位、优势专业，以及地方需求进行专业设置。

除此之外，地方教育部发布的年度地方高校就业质量报告中的信息和数据也有利于普通本科院校进行专业设置。例如，浙江省出台的《浙江省2017届普通高校毕业生就业质量年度报告》等文件中即涉及普通本科院校各专业就业情况，有利于浙江省各高校进行专业设置。

除了教育部门之外，我国政府其他部门发布的经济、科技政策，对普通本科院校专业设置也具有较强的指导作用。以广西省普通本科院校为例。

广西省自 2011 年以来，不断优化和调整产业结构，并发布了相关政策。广西省各高校根据该地产业调整，新增加了许多专业，与当地的产业调整相契合。

例如，广西省自 2011 年以来重点发展食品工业、汽车工业、石化工业、电力工业、有色金属和冶金工业、机械工业、建材工业、电子信息工业、医药制造工业、纺织服装与皮革工业、生物产业、修造船及海洋工程装备工业、新材料产业、新能源产业、新能源汽车产业、节能与环保产业、海洋产业、第一代信息技术产业、先进装备制造业、生物农业、养生长寿健康产业等。广西省内普通本科院校为了适应地方发展需求，新增了食品科学与工程专业、食品质量与安全专业、汽车服务工程专业、新能源汽车工程专业、材料科学与工程专业、能源化学工程专业、电气工程及其自动化专业、集成电路设计与集成系统专业、应用化学专业、机械电子工程专业、建筑学专业、数据科学与大数据技术专业、生物制药专业、临床药学专业、服装与服饰设计专业、生物科学专业、船舶与海洋工程专业、新能源材料专业、新能源汽车工程专业、海洋工程与技术专业、数字媒体技术专业、智能装备与系统专业、生物科学专业、养老服务管理专业等。

除此之外，针对社会人才市场对不同专业的需求信息，政府有关部门应当进行统筹，并以政府发布文件，或政府联合社会信息机构发布文件的形式进行信息发布。

综上所述，普通本科院校专业设置相关信息涉及方方面面，政府有关部门应当对相关信息进行统筹协调，建立健全普通本科院校专业信息指导管理体制，为普通本科院校的专业设置提供全面的可依据的信息，不断提升普通本科院校专业设置的科学性。

（二）建立健全普通本科院校专业质量监督体制

政府在普通本科院校专业设置中的宏观指导还包括对普通本科院校专业质量的监督与检查，旨在确保普通本科院校专业设置社会效益的实现。

1.政府有关部门应当完善专业设置相关制度

政府有关部门应进一步完善普通本科院校专业设置相关标准，进一步加强普通本科院校专业设置的审批和专业建设质量监督。自 2012 年我国教育部发布了《普通高等学校本科专业设置管理规定》以来，我国高校的本科专业设置自主权得以进一步落实。近年来，由于我国高等教育改革的深化，为了进一步建立健全普通本科院校的专业动态调整机制，许多省市自治区纷纷出台了本省或本市的普通本科高校学科专业结构调整优化指导意见。

例如，2022 年 5 月，福建省教育厅发布了《福建省教育厅关于普通本科高校学科专业结构调整优化的指导意见》（以下简称《意见》），其中对福建省内学科专业建设提出了大量指导意见，包括从繁荣发展哲学社会科学学科专业、持续稳定发展基础学科专业、创新发展重点产业学科专业、加快发展民生急需学科专业、振兴发展师范教育学科专业、积极发展新兴交叉学科专业等角度分类推进学科专业建设；通过创新推动一流学科建设、加快推进一流专业建设等方式，不断打造优势特色学科专业等。此外，《意见》中指出政府有关部门应当通过调整优化学科专业布局、健全学科专业监督机制，以及改善学科专业建设保障措施等推动福建省内高校的本科专业设置。

其中，健全学科专业监督机制，则包括严格落实学科专业质量要求、强化新设专业学位授权管理、加强学科专业常态化监测、建立学科专业退出机制等。

2.政府有关部门应当全面落实全过程的专业质量监督制度

政府有关部门在确保普通本科院校专业设置自主权的基础上，应当进一步落实普通本科院校的专业质量监督制度，从普通本科院校专业教育全过程的视角不断加强对普通本科院校专业质量的监督与检查。具体来说，可从以下三个方面着手。

（1）不断完善普通本科院校专业设置、调整与优化相关制度。政府有关部门一方面，要建立和完善普通本科院校专业设置的规范化门槛；另一方面，应当厘清教育行政部门的备案和审批职责，使普通本科院校的专业设置审批与专业建设质量监督相结合，做到有法可依。

（2）从普通本科院校教育各阶段着手完善专业质量监督制度。政府有关部门应当进一步提高普通本科院校的专业准入门槛，对普通本科院校所提供的专业设置申报材料进行严格的核验，并对普通本科院校所申报的专业资源进行实地考察，只有各方面资源与条件达到标准才能设置相关专业，否则对普通本科院校的专业设置申报不予审批通过。

政府有关部门还应当完善相关文件，对普通本科院校新设置的专业进行长期追踪、评估，以确保普通本科院校新设置专业的长效化、健康化发展，确保普通本科院校新专业的发展质量不断提高。

3.政府有关部门应当建立健全专业质量预警机制

政府有关部门应当进一步建立健全普通本科院校已设置专业的质量监测预警机制，对部门普通本科院校已设置专业质量不达标的给予警示，以督促相关部门不断提升相关专业的发展质量。

例如，2022年2月，教育部、财政部、国家发展和改革委员会共同发布了《关于公布第二轮"双一流"建设高校及建设学科名单的通知》，其中包含《给予公开警示（含撤销）的首轮建设学科名单》，这些名单中涉及15所高校的16个学科，给予公开警示的首轮建设学科和调整后的学科，将于2023年再次接受评价，届时未通过的，将调出建设范围。这种公开警示的制度对相关高校的学科建设能够起到鞭策和引导作用。

又如，早在2012年，贵州省教育厅即印发了《省教育厅关于实施普通高校本科专业预警及退出机制的意见》。其中要求将贵州省内高校毕业生就业率较低且布点较多的部分专业列入预警专业名单，连续3次列入预警名单的专业，除个别特殊专业外，将实行退出机制。其中，2021年贵州省普通本科高校的预警专业为法学、数字媒体艺术、劳动与社会保障、公共事业管理、汉语言文学。

普通本科院校中建立健全专业质量预警机制，能够起到激励和引导普通本科院校进一步注重专业建设和质量发展的效果，从而推动我国普通本科院校专业质量不断提升。

（三）建立健全普通本科院校专业设置奖惩机制

政府有关部门应当进一步健全普通本科院校专业设置的奖惩机制，只有完善和落实奖惩机制，才能使普通本科院校专业设置、调整和优化更加科学，引导普通本科院校减少设置不成熟、资源条件不健全的专业，集中优势资源和力量发展已设置的专业，从而达到保障普通本科院校专业质量和社会效益、学生权益的目的。

政府有关部门建立健全普通本科院校专业设置奖惩机制时，可以通过增设普通本科院校专业撤销奖励经费、规范普通本科院校"撤一补一"奖励政策，以及设立普通本科院校专业建设专项资金等方式，引导普通本科院校撤销市场效益低下、专业建设相对落后的专业，增设有益于国家和地方建设的新学科专业，对学科和专业建设效果显著的普通本科院校进行奖励。

例如，2018 年 4 月教育部印发的《高等学校人工智能创新行动计划》中即提出高等学校要完善人工智能领域人才培养体系，完善学科布局，加强专业建设、教材建设、人才培养力度，推动人工智能领域一级学科建设。这一政策的发布有力地推动了普通本科院校的人工智能专业设置与优化。

值得注意的是，建立健全普通本科院校专业设置奖惩机制的目的不是惩罚，而是充分发挥政府有关部门的宏观调控职能，引导普通本科院校更加科学、更具前瞻性地进行专业设置、调整与优化。

二、社会组织建立健全普通本科院校专业建设支持体制

社会企事业用人单位作为普通本科院校专业人才的接受单位，其需求对普通本科院校的专业建设有着极为重要的影响。

（一）社会第三方机构不断丰富普通本科院校专业建设支持形式

社会市场第三方机构在现实社会实践中，常常作为普通本科院校专业设置与社会企事业用人单位之间的桥梁与协调者出现，以专业的调查报告，为普通本科院校专业设置、调整和优化提供引导。社会市场第三方机构作为社会组织对普通本科院校专业建设的支持可从以下几个方面体现出来。

1.社会组织发布的各类权威报告能够对普通本科院校专业建设进行引导

社会组织中往往汇集了众多教育领域以及其他领域的资深专家，因此其可以通过群策群力的方式，集中资源与力量对普通本科院校专业建设的各个方面进行深入调查研究，并发布相关的各类权威报告。其中包括全国或区域内普通本科院校年度专业设置报告、全国或区域内普通本科院校年度就业质量报告、全国或区域内普通本科院校新增专业报告、全国或区域内某行业人才需求报告等。这些权威报告有利于普通本科院校实时掌握全国或区域内普通本科院校专业建设的动态信息，以为自身的专业建设提供引导。

2. 社会组织开展的课程与教学内容研发活动能够对普通本科院校专业建设进行引导

社会组织可以集中内部人才资源对某专业的课程或教学内容进行研发，从而起到引领新兴专业设置的作用。由于社会组织开展的某专业课程与教学内容研发活动是跨校、跨师生的研发，以独立、自主和客观作为原则，因此具有较强的客观性。这些研究项目的开展，以及相关研究报告的发布，能够对普通本科院校的专业建设提供指导服务。

3. 社会组织可以为普通本科院校提供个性化、特色化服务

社会组织不仅可以独立对普通本科院校专业建设相关的数据进行调查，还能够与普通本科院校进行合作，针对普通本科院校的定位、资源、特点等为普通本科院校提供个性化、特色化的服务。由于社会组织中包含大量杰出的教育人士，能够通过全国或区域内同类院校的专业建设情况对比，为普通本科院校提供特色化的学科和专业发展路径，有利于普通本科院校优化专业结构、凸显专业优势，从而实现学科和专业的长远发展。

在以上方式的基础上，社会组织还应进一步丰富普通本科院校专业建设支持形式，通过为普通本科院校专业建设提供多样化的服务参与到普通本科院校专业建设中来，推动普通本科院校专业建设的科学化、可持续化发展。

（二）社会组织应建立起普通本科院校专业建设的全方位支持体系

社会组织中企事业单位以及第三方机构等可以从人才、场地与设备资源以及资金等方面着手建立起普通本科院校专业建设的全方位支持体系。

1. 社会组织应建立普通本科院校专业建设的人才支持体系

社会企事业单位作为普通本科院校人才需求单位，多年来吸纳了大量普通本科院校各专业的优秀人才，而普通本科院校各专业的优秀人才进入企事业单位通过多年的工作实践逐渐了解社会市场需求，以及专业知识在实践中的应用特点。社会企事业单位中的企业家和管理者具有多年的管理实践经验，较为了解市场对某专业人才的需求，以及某专业人才进入用人单位后的成长特点。因此，社会企事业单位可以与普通本科院校合作，通

过多种形式介入普通本科院校的专业建设中去，为普通本科院校的专业建设提供人才支持。

例如，普通本科院校可以定期邀请社会杰出的企业家或管理者进校为各专业教师和学生讲授相关专业的课程，分享专业知识在实践中的应用特点，引导普通本科院校在专业建设中更好地将理论与实践结合起来，强化专业教学效果，提升专业教学质量。

又如，普通本科院校在进行新专业设置的论证会上可以邀请社会相关权威企业的管理者或专家参与，从该专业的社会实践以及用人需求角度对普通本科院校的新专业设置提出具有建设性的意见或建议，引导普通本科院校科学建设新专业。

2.社会组织应建立普通本科院校专业建设的场地与设备资源支持体系

社会组织中的企事业单位通常具备特定的场地以及较为先进的设备资源，普通本科院校在开展专业建设的过程中，可以与社会用人单位进行多样化合作，借助用人单位的场地与设备资源进行专业人才培养，从而达到双赢的效果。

例如，近年来，由于人工智能技术的快速发展，许多普通本科院校纷纷开设了以人工智能技术为依托的专业，包括人工智能专业等。这些专业的建设不仅要求普通本科院校具有较为充足的相关师资力量，还要求普通本科院校设置相关的实验室与实践基地。普通本科院校可以与行业内杰出的人工智能企业或研究机构进行合作，借助人工智能企业或研究机构的实验室、场地和设备进行教学，从而达到推动人工智能专业建设的目的。

3.社会组织应建立普通本科院校专业建设的资金支持体系

普通本科院校的专业建设，尤其是新专业的建设往往需要大量的资金支持。由此，社会企事业单位或金融机构，可以通过捐赠的方式为普通本科院校的专业建设提供资金支持，为普通本科院校的专业建设提供有力的物质保障。

例如，为了引导高等院校的人工智能专业建设，2011年中国人工智能学会发起主办了"吴文俊人工智能科学技术奖"，对高等院校人工智能专业的创新性研究进行奖励。2022年，清华大学、西北工业大学、中国矿业大学、中南大学、浙江工业大学、西北工业大学、北京邮电大学、苏州大学、浙江工业大学、电子科技大学、中国人民解放军国防科技大学、华东交通大学、同济大学、中南大学和浙江工业大学与人工智能相关的多项研究项目获奖，为这些高校人工智能专业建设的发展提供了助力。

综上所述，社会组织在普通本科院校的专业建设中起着重要的影响作用，政府有关部门应鼓励社会组织进一步建立健全普通本科院校专业支持体系，通过多样化的形式介入普通本科院校的专业建设中去，为推动普通本科院校的专业建设贡献力量。

第三节　加强普通本科院校专业自治体制建设

普通本科院校作为专业设置、调整与优化的主体力量之一，在专业建设中扮演着极为重要的角色。普通本科院校具有一定的专业建设自主权，只有不断加强普通本科院校的专业自治体制建设，才能真正推动普通本科院校的专业建设不断发展。本节主要对此进行详细分析。

一、普通本科院校应进一步优化主体意识，提高专业设置的科学性

普通本科院校作为专业设置的主体之一，在专业设置中发挥着非常重要的作用，因此普通本科院校应在进行专业设置、调整与优化的过程中充分行使自身专业设置自主权，充分发挥主体意识，并结合普通本科院校特色定位、性质、资源和发展方向，科学地进行专业建设，使普通本科院校专业建设紧跟时代发展，符合国家和地方发展需求。这一点已在前文中多次涉及和强调，这里不再展开分析。

二、普通本科院校应不断完善专业的动态调整机制

近年来，我国普通本科院校对专业设置的调整和优化越来越多，2019年度普通高等学校新增本科专业 1 853 个，撤销专业 367 个；2020 年度普通高等学校新增本科备案专业 2 046 个、撤销专业 518 个；2021 年普通高等学校新增专业点 1 961 个，撤销专业点 804 个。新增和撤销专业点的高等学校

既涉及各省重点院校，也涉及各省非重点院校；既涉及"双一流"高校，也涉及非"双一流"高校。

有些高校甚至一年新增十多个本科专业。例如，2020 年江西中医药大学新增专业达 17 个之多，中国民用航空飞行学院在该年度新增 15 个本科专业，北京交通大学、吉林农业大学分别在该年度新增 14 个本科专业，武夷学院、长春工业大学分别在该年度新增 12 个本科专业，华北理工大学在该年度新增 11 个本科专业，广西职业师范学院、山东交通学院、沈阳工程学院和中国石油大学（北京）在该年度分别新增 10 个本科专业。此外，哈尔滨工业大学、辽宁财贸学院、玉溪师范学院、长沙理工大学、渤海大学、吉林农业科技学院、宁波财经学院、深圳技术大学、重庆大学、安徽理工大学等 90 多所高校的专业调整均在 5 个以上 10 个以下。从这一组数据可以看出，近年来，我国普通本科院校对专业设置的调整力度越来越大。由于普通本科院校专业设置调整力度的增大，普通本科院校应当进一步完善专业的动态调整机制。具体来说，可从以下几个方面着手。

（一）普通本科院校应当建立良好的专业设置生态系统

普通本科院校应当建立科学、良好的专业设置生态系统，在增加新专业的同时，淘汰和减少部分过时的专业，促进专业设置生态达到平衡状态。

从近年来我国高等学校本科专业调整的数据来看，新增的本科专业数量较多，而撤销的本科专业数量相对较少。普通本科院校要确保自身的健康、可持续发展，就必须紧跟时代的步伐，充分考虑社会经济和科技的需要，增设适合的新专业。然而，新增专业的选择应当科学而谨慎。普通本科院校应充分立足自身办学定位，在已有学科基础和专业基础条件上增设专业，此外还应契合时代发展和地方需求，杜绝盲目增设专业。因此，普通本科院校在增设专业时，应当对新增专业进行系统而科学的论证，考察其是否与高校自身的专业结构相契合、是否有利于高校学科建设的长远发展，同时应当充分考察该专业在全国以及区域内高校的布点情况，考察区域范围内，甚至全国范围内该专业需求是否饱和。唯其如此，才能确保普通本科院校增设专业的科学性与发展性。

此外，普通本科院校在增设新专业的同时，也应当从高校长远发展的视角，以及社会效益和大学生个体发展的视角全面考察普通本科院校的已有专业设置，主动立足院校定位，调整专业结构，对已过时的、不合时宜的专业予以撤销，集中优势资源和师资力量发展具有生长性的新专业，积极协调专业数量与培养质量之间的关系，推动普通本科院校的专业转型与升级。

普通本科院校要建立良好的专业设置生态系统，就应当掌握量与度的关系，将高校内部的专业数量维持在合适的水平，同时不断促进已有专业和新增专业质量的发展。

（二）普通本科院校应当建立规范的新专业准入机制

普通本科院校在进行专业建设时，应当从源头上把控好专业质量，通过成立专门的学科或专业设置专家委员会、出台专业准入规范等方式，加强对普通本科院校自身专业准入机制的规范。

近年来，由于我国高等教育改革以及高等教育大众化、普及化阶段的来临，我国普通本科院校越来越重视本科专业设置的科学化与规范化。许多高校，诸如北京大学、清华大学等均设置了专门的学科和专业建设委员会，以为本校专业建设助力。

例如，北京大学早在 2014 年即成立专门的学科规划委员会，即北京大学学科建设委员会，对本校的学科规划、预算、建设和评价等学科建设相关工作进行研究、拟定与审议。

普通本科院校组建的学科或专业设置专家委员会能够对院校自身的专业设置进行指导，就新专业的设置制定严格的准入机制，并对新专业的设置进行论证，审查新专业设置条件。当新专业设立后，学科或专业设置专家委员会可以对新专业的管理和建设进行长久的指导和监督，确保新专业朝着科学、规范的方向发展。除此之外，学科或专业设置专家委员会还可对普通本科院校专业建设的效果进行评价和反馈，积极提升已设置专业的建设质量。

近年来，随着我国普通高等学校本科专业设置准入机制越来越规范，越来越多的学校开始重视新专业设置的论证。例如，2018 年 7 月北京外国语大学对 2018 年度拟向教育部申报备案的新增遮普语、爪哇语、塔玛齐格特语等 3 个亚非语种本科专业进行了论证评议。论证会除该校各分院院长和教务处负责人之外，还邀请了教育部高等学校外语专业教学指导委员会专家和北京大学专家，对拟新增专业设置的现实必要性，新增专业的名称设置、目标定位、建设思路、培养路径及课程体系等进行了充分论证。

（三）普通本科院校应当进一步完善专业预警和退出机制

近年来，由于普通本科院校专业设置调整和优化的不断规范，同时受我国普通本科院校专业预警和退出机制的影响，普通本科院校应当切实承担专业建设的主体责任，构建和完善院校内部专业预警和退出机制，有效降低普通本科院校专业撤销的影响。

普通本科院校专业设置是一项极其复杂的系统，任何专业的设置均需要院校投入大量的师资力量、教学设施、教学场地，以及学生资源。

以 2022 年度 B 大学新增行星科学专业的申请为例。其中指出 B 大学行星科学专业拟定专任教师总数为 21 人，专业核心课程任课教师数量为 11 人，所涉及的专业核心课程包括行星科学概论、地球系统演化、矿物学与岩石学、固体行星物理、基础天文学、行星空间环境、行星遥感、行星大气、行星动力学等。该专业开办的年均教学经费约为 300 万元，所涉及的实践教学基地包括北京西山普通地质实习基地、兴城区域地质实习基地、五台山地球科学教学基地、神农架地质学野外教学基地、贵州兴义古生物教学科研实习基地、泰国玛希隆大学野外实习教学基地等 6 个。同时，在已有专业基础条件上还需设立化学（地球化学方向）专业室内教学实验室，以及 2～3 个国外实习教学基地。另外，该专业开设过程中需使用教学体视显微镜、研究级体视显微镜、偏光显微镜、生物显微镜、台式扫描电子显微镜、宝石学显微镜、高速离心机、高温电阻炉、纯水仪、加热板、无人机、服务器、高分辨率拉曼光谱仪、激光拉曼光谱仪、沉浸式虚拟现实展示交互系统、卫星导航仪、电子精密天平、折射仪、微机和教学标配库等教学实验设备。

由此可见，一个本科新专业的设置需要高校投入大量人力、财力和物力。一旦专业建设不理想，或不符合普通本科院校的长远发展前景需要撤销时，通常需要付出巨大的代价。为了提高普通本科院校的经济效益和社会效益，减少不必要的损失，普通本科院校应当在提升和规范新专业设置门槛的同时，进一步完善专业预警和退出机制。

具体来说，普通本科院校完善专业预警和退出机制应从以下几个方面着手。

1.及时发布专业预警信息

高度重视政府有关政策、企业人才需求信息，对普通本科院校已设置的专业人才就业情况进行及时追踪与反馈，必要时可对高校内部建设质量有待提升的专业进行预警，以促使相关专业不断提升建设质量。

2.完善专业退出认定规范

普通本科院校在撤销某专业之前，应当进一步完善专业退出认定规范，对拟退出专业的专业基础、师资力量、课程与教学管理、教学质量监测，以及历年该专业毕业生就业情况进行调查，在此基础上，还应充分了解该专业在区域人才市场或全国人才市场的需求前景、人才培养质量等。只有当各项指标均符合退出标准时，该专业才能通过退出认定。而对满足退出标准的专业，普通本科院校应当通过提前预警的形式，合理安排专业撤销事宜后，再执行专业退出决定，以尽可能降低专业退出对普通本科院校学科发展的长远影响，减少各方面的损失。

三、普通本科院校应健全人才质量优化体系

普通本科院校的人才培养质量与专业建设息息相关，只有不断提升已有专业的人才培养质量，才能促进普通本科院校专业建设的科学化和规范化发展。普通本科院校要提升人才培养质量，就应进一步健全人才质量优化体系。

（一）树立科学的学科和专业质量发展观

普通本科院校的专业设置涉及高校内部的资源分配，对高校的经济效益、社会效益、专业质量以及大学生个人发展均有着直接的影响。如果普通本科院校一味注重经济效益，必然会忽略社会效益和学生个人发展，而其只有树立科学的学科和专业质量发展观才能不断提升专业培养质量，推进学科和专业的科学化以及可持续发展。

树立科学的学科和专业质量发展观有利于普通本科院校从专业发展的视角审视专业建设质量，主动及时地完善专业缺口，不断深化专业内涵、扩展专业外延，促进专业的可持续发展。

此外，树立科学的学科和专业质量发展观还有利于普通本科院校及时

对已开设的专业进行调整，及时整改甚至撤销质量不佳的专业，集中力量和资源发展优势专业和新专业，促进普通本科院校的专业升级。

（二）积极推进专业质量升级

普通本科院校健全人才质量优化体系，还应积极推进高校内部已有专业的质量升级。从学科知识生长逻辑的角度分析可知，要不断提升专业优势，保障专业质量，追求专业的新发展。同时，对普通本科院校内部已有专业的合并、优化，还有利于促进各专业知识的交叉和渗透，促进已有专业朝着新兴专业的方向延伸，进而打造特色专业。

综上所述，普通本科院校作为高等院校本科专业设置的主体之一，应积极承担起本科专业设置的主体职责，通过完善专业动态调整机制、健全人才质量优化体系等对策，不断推动普通本科院校专业设置的科学化与规范化，助力普通本科院校专业设置升级。

参考文献

[1] 中华人民共和国国家教育委员会高等教育二司.全国普通高等学校农科、林科本科专业介绍 [M].北京：高等教育出版社，1987.

[2] 国家教育委员会高教一司.普通高等学校社会科学本科专业目录与专业简介 [M].武汉：武汉大学出版社，1989.

[3] 中华人民共和国教育部高等教育司.普通高等学校本科专业目录和专业介绍 [M].北京：高等教育出版社，1998.

[4] 靳希斌.教育经济学 [M].北京：人民教育出版社，2001.

[5] 纪宝成.中国当代教育家文存：纪宝成卷 [M].上海：华东师范大学出版社，2006.

[6] 朱晓刚.我国大学课程观的反思与建构 [D].武汉：华中科技大学，2007.

[7] 余风盛，董泽芳.高等教育 60 年回顾与展望 [M].武汉：华中师范大学出版社，2010.

[8] 康全礼.我国大学本科教育理念与教学改革研究 [M].青岛：中国海洋大学出版社，2012.

[9] 彭旭.新建本科院校专业设置与调整研究 [M].北京：光明日报出版社，2012.

[10] 张理，郑宏丹.经济学原理 [M].北京：北京交通大学出版社，2015.

[11] 于慧.高校本科专业设置标准研究 [M].广州：广东高等教育出版社，2015.

[12] 冯成志.高校本科专业设置优化研究：毕业生就业的视角 [M].广州：广东高等教育出版社，2015.

[13] 蔡小平.区域经济视域下应用型本科专业集群建设研究 [M].镇江：江苏大学出版社，2017.

[14] 朱健，陈湘满.普通高校本科专业设置改革研究 [M].湘潭：湘潭大学出版社，2017.

[15] 吴合文.组织视域下高校本科专业动态调整研究 [M].西安：陕西师范大学出版社，2017.

[16] 张旸.新建地方本科院校职业化转型中的专业改造研究 [M].西安：陕西师范大学出版社，2017.

[17] 郭庆义.新建民族本科院校学科建设探析 [M].成都：西南交通大学出版社，2019.

[18] 吴开俊.教育有效供给与教育结构关系刍议 [J].广州大学学报（综合版），2000（5）：24-28.

[19] 周亚夫.普通高校本科专业设置问题探讨 [J].西南民族大学学报（人文社科版），2005（11）：369-371.

[20] 覃美琼.民办高校本科专业设置问题探析 [J].中国高等教育，2006（23）：48-49.

[21] 杨立军，梅构春，刘晓平.本科专业设置应与社会需求相适应 [J].教育发展研究，2008（17）：40-44.

[22] 刘兴华.论高校学科建设与专业建设之间的关系 [J].湖南财经高等专科学校学报，2010，26（4）：146-148.

[23] 梁杰珍.普通本科高校专业调整的研究：以湛江师范学院为例 [J].赤峰学院学报（汉文哲学社会科学版），2010，31（6）：181-182.

[24] 彭旭.新建本科院校的专业设置与调整 [J].大学（学术版），2011（4）：20-23，10.

[25] 贾汇亮，黄崴.利益相关者视野下的高校本科专业设置改革 [J].教育发展研究，2011，31（7）：70-73

[26] 孟兆怀，李壮成.地方高校本科专业设置自主权改革初探 [J].国家教育行政学院学报，2013（12）：15-18.

[27] 陈小娟，陈武林.对高校本科专业设置的思考：以广东省为例 [J].教育发展研究，2011，31（1）：56-61.

[28] 赵云书.我国高校体育本科专业设置发展演变研究 [J].广州体育学院学报，2014，34（5）：109-112.

[29] 尤伟，颜晓红，陈鹤鸣.我国应用型本科院校专业设置与调整机制变迁 [J].江苏高教，2015（5）：68-71.

[30] 王海洲，徐立清．高校本科专业设置利益相关者共同治理机制探索 [J]．中国高教研究，2015（6）：76-80．

[31] 陆启越，余小波，刘潇华．改革开放以来我国高等教育改革的回顾与前瞻 [J]．大学教育科学，2017（2）：10-16，122．

[32] 李俊义．新建本科院校专业设置的轨迹及调整路径 [J]．黑龙江高教研究，2017（8）：62-65．

[33] 马飙．本科专业设置与发展的历史考察与趋势分析 [J]．扬州大学学报（高教研究版），2008，12（6）：66-71．

[34] 周金堂．高校专业设置与人才培养、市场需求相关度研究：以江西省本科高校为例 [J]．教育学术月刊，2018（1）：35-47．

[35] 柳亮．新世纪以来我国高校本科专业设置研究的实证分析 [J]．高教论坛，2017（1）：45-49．

[36] 俞莉莹．浅析人工智能发展对本科专业人才培养的机遇与挑战 [J]．教育教学论坛，2018（47）：198-199．

[37] 聂卫华．我国高校艺术教育本科专业设置存在的问题与思考：以《普通高等学校本科专业目录（2012 年）》为背景 [J]．东北师大学报（哲学社会科学版），2019（6）：90-97．

[38] 李伟，颜海波，谷世乾，柏晶，刘雨濛．近十年我国高校专业结构优化调整研究的知识图谱分析 [J]．高教论坛，2020（3）：68-73．

[39] 吴智泉，林妍梅．应用型本科高校专业设置的基本逻辑与改革对策 [J]．北京联合大学学报，2020，34（4）：1-6．

[40] 刘海涛．基于"双一流"的高校本科专业设置内涵解析 [J]．宁波大学学报（教育科学版），2022，44（1）：108-115．

[41] 许霞．高校本科专业设置与社会需求互动关系的研究 [D]．北京：北京邮电大学，2008．

[42] 赵宏．新建本科院校的专业设置研究 [D]．上海：华东师范大学，2008．

[43] 董国永．我国普通高校体育本科专业设置现状及修订对策研究 [D]．武汉：华中师范大学，2011．

[44] 怡炜．我国普通高校本科专业设置研究 [D]．合肥：安徽大学，2012．

[45] 巩金铭．我国高水平大学本科专业设置状况研究 [D]．南京：南京师范大学，

2013.

[46] 桂涌祥.新制度主义视角下的普通高校本科专业设置制度变迁研究[D].徐州：
江苏师范大学，2014.

[47] 杜娟.江西省高校本科专业设置现状与问题研究[D].南昌：江西财经大学，
2015.

[48] 赵慧敏.普通高校本科专业设置管理机制研究[D].徐州：中国矿业大学，
2015.

[49] 刘丹.新建地方本科院校转型发展研究[D].湘潭：湘潭大学，2016.

[50] 张磊.高等教育专业设置地区治理研究[D].天津：天津大学，2017.

[51] 郭华瑞.江西省高校本科专业设置及优化策略研究[D].南昌：江西农业大学，
2018.

[52] 刘海涛.中国高校本科专业设置研究[D].厦门：厦门大学，2019.

[53] 段文霞.云南省本科专业设置研究[D].昆明：云南大学，2019.

[54] 汤颖.供给侧改革视域下地方新建本科院校专业设置与调整研究[D].南京：
南京邮电大学，2019.

[55] 杨俊.广西普通高校本科专业设置研究[D].桂林：广西师范大学，2022.

附录

附录1 1954年《高等学校专业目录分类设置（草案）》

1954年《高等学校专业目录分类设置（草案）》如下表附录–1所示。

表附录-1 1954年《高等学校专业目录分类设置（草案）》

学科门类	一级分类	二级分类
工业部门	普通机器类	1. 机械制造工艺 2. 金属切削机床及工具 3. 铸造工艺及机器 4. 金属压力加工及机器 5. 金属学及热处理车间设备 6. 焊接工艺及设备 7. 起重运输机械及设备 8. 矿山机械制造 9. 农业机械 10. 筑路机械及设备 11. 建筑机械及设备 12. 石油矿场机械及设备 13. 石油炼场机械及设备 14. 石油机器和机械制造工学 15. 冶金厂机械设备 16. 化学生产机械及设备 17. 纺织机械设计 18. 轻工业设备及机器 19. 车辆制造 20. 汽车 21. 拖拉机 22. 船舶制造 23. 船舶机器与机械 24. 机械制造工业的经济与组织 25. 冷却机和压缩机装置
	动力机器制造类	26. 锅炉制造 27. 滑轮机制造 28. 内燃机制造 29. 船舶蒸汽发动机及其装置 30. 船舶内燃发动机及其装置 31. 蒸汽机车制造 32. 水力机械
	仪器制造类	33. 光学机械仪器 34. 精密机械仪器
	电机制造类	35. 电机和电器 36. 电气绝缘技术与电缆技术
	电气仪表和电气制造类	37. 电气自动装置和计量设备 38. 电气真空技术 39. 船舶电气设备
	动力类	40. 高压技术 41. 发电厂配电网及联合输电系统 42. 热能动力装置 43. 水力动力装置 44. 船舶动力装置 45. 工业企业电气化 46. 动力工业的经济与组织
	无线电工程和电讯类	47. 无线电工学 48. 无线电通讯和广播 49. 电话电报通讯 50. 电信的经济与组织

学科门类	一级分类	二级分类
工业部门	有用矿物的地质和勘探类	51. 矿产地质和勘探 52. 地质矿产勘查 53. 煤矿区地质和勘探 54. 地球物理勘探 55. 水文地质与工程地质 56. 石油与天然气的地质勘探 57. 探矿工程 58. 石油和天然气矿区的地球物理勘探 59. 石油和天然气的地球物理勘探
	地下矿藏开采类	60. 矿山测量 61. 矿区开采 62. 有用矿物的精选 63. 矿山机电 64. 矿山企业建筑 65. 石油及天然气开采 66. 石油及天然气钻凿 67. 石油及天然气运输与储藏 68. 采矿工业的经济与组织 69. 石油工业的经济与组织
	冶金类	70. 钢铁冶金 71. 有色金属冶金 72. 铸造作业 73. 金属学及钢铁热处理 74. 钢铁压力加工 75. 有色金属及其合金的压力加工 76. 冶炼炉与自动装置 77. 金属学与有色金属及其合金的热处理 78. 金属物理学 79. 冶金工业的经济与组织
	天然与人工液体燃料工学类	80. 石油与天然气工学 81. 燃料化学工学 82. 人造石油
	无机物砂酸盐和有机化合物工学类	83. 无机物工学 84. 砂酸盐工学 85. 有机染料及中间体工学 86. 合成橡胶工学 87. 水泥生产工学 88. 塑料工学 89. 化学工业的经济与组织 90. 精细有机化合物工学 91. 化学制药工程 92. 抗生素制造工程
	木料和纤维造纸工学类	93. 植物纤维造纸工学 94. 木料机械工学 95. 木料化学工学
	食品和调味品工学类	96. 发酵剂制造工学 97. 糖品物工学 98. 粮食加工工艺学及粮食管理 99. 油脂工学 100. 鱼产品工学
	纺织、皮革、橡皮和印刷类	101. 纤维材料机械工学 102. 纤维材料化学工学 103. 人造纤维工学 104. 皮革皮毛与软皮剂工学 105. 印刷工学 106 橡皮工学
	特殊工业类	—

学科门类	一级分类	二级分类
建筑部门	土木建筑与建筑学类	107. 建筑学 108. 工业与民用建筑 109. 工业与民用建筑构造 110. 城市建筑与经营 111. 供热供煤气及通风 112. 给水排水 113. 铁道建筑 114. 铁道桥梁与隧道 115. 公路与城市道路 116. 道路桥梁与隧道 117. 建筑成品及零件生产 118. 城市建筑的经济与组织 119. 河川结构与水电站的水工建筑 120. 水道及海港的水工建筑 121. 中小型水电站建设
	测量和制图类	122. 工程测量 123. 天文测量 124. 航空摄影测量 125. 制图学
	水文气象类	126. 陆地水文
运输部门	铁道运输类	127. 铁道经营 128. 铁道运输机械 129. 铁道运输商务 130. 铁道运输动力 131. 铁道运输自动控制远程控制及通讯 132. 铁道运输材料技术供给的经济与组织 133. 电气运输 134. 工业运输（经营）135. 工业运输（建筑）
	公路运输类	136. 汽车维护与修理
	水路运输类	137. 船舶驾驶 138. 船舶修理 139. 海运管理 140. 河运管理 141. 水路经济与组织 142. 港口装备与经营
农业部门	农学类	143. 农学 144. 果树蔬菜 145. 土壤肥料 146. 农业药剂 147. 植物保护 148. 茶叶 149. 蚕桑
	畜牧兽医类	150. 畜牧 151. 兽医
	水产类	152. 水产养殖 153. 海洋捕鱼
	农业技术类	154. 农业生产机械化 155. 水利土壤改良
林业部门	—	156. 森林经营 157. 造林 158. 森林采伐及运输机械化
财政经济部门	财政经济类	159. 国民经济计划 160. 工业经济 161. 农业经济 162. 劳动经济 163. 贸易经济 164. 对外贸易经济 165. 财政学 166. 货币与信贷 167. 统计学 168. 会计学 169. 手工业生产合作社 170. 供销与消费合作社 171. 铁道统计 172. 铁道会计 173. 铁道财务 174. 保险
保健部门	医疗卫生类	175. 医疗 176. 儿科 177. 卫生 178. 口腔
	药剂类	179. 药剂
体育部门	体育和运动类	180. 体育和运动
法律部门	法律类	181. 法律 182. 外交

学科门类	一级分类		二级分类
教育部门	甲大学	社会科学类	183. 哲学 184. 心理学 185. 政治经济学 186. 历史学 187. 考古学 188. 档案学
		语言科学类	189. 汉语语言学 190. 汉语文学 191. 俄罗斯语言文学 192. 英国语言文学 193. 德国语言文学 194. 法国语言文学 195. 西班牙语言文学 196. 蒙古语 197. 朝鲜语 198. 日本语 199. 越南语 200. 暹罗语 201. 印尼语 202. 缅甸语 203. 印地语 204. 阿拉伯语 205. 中国各少数民族语言 206. 新闻学 207. 图书馆学
		自然科学类	208. 数学 209. 力学 210. 天文学 211. 物理学 212. 无机化学 213. 分析化学 214. 有机化学 215. 物理化学 216. 胶体化学 217. 动物学 218. 植物学 219. 人体及动物生理学 220. 植物生理学 221. 自然地理 222. 经济地理 223. 地形学 224. 地质学 225. 地球化学 226. 气候学 227. 气象学 228. 物理海洋
	乙高等师范	师范院校专业类	229. 数学 230. 物理 231. 化学 232. 生物 233. 图画及制图 234. 地理 235. 历史 236. 汉语语言文学 237. 中国各少数民族语言 238. 俄文 239. 教育 240. 学前教育 241. 政治教育 242. 音乐 243. 美术 244. 体育
艺术部门	音乐艺术类		245. 作曲 246. 声乐 247. 管弦乐器 248. 键盘乐器
	戏剧艺术类		249. 表演 250. 导演 251. 舞台美术 252. 戏剧文学
	电影艺术类		253. 电影技术 254. 艺术
	美术艺术类		255. 绘画 256. 雕塑 257. 实用美术

附录2 1963年高等学校专业目录

高等学校通用专业目录（1963）

一、工科部分

010101 地质测量及找矿

010102 金属及非金属矿产地质与勘探

010103 石油天然气地质与勘探

010104 煤田地质与勘探

010105 水文地质及工程地质

010106 地球物理勘探

010107 金属及非金属矿产地球物理勘探

010108 石油及天然气地球物理勘探

010109 石油及天然气矿场地球物理

010110 煤田地球物理勘探

010111 探矿工程

010201 采矿（可分设地下开采、露天开采两个专门组）

010202 选矿

010203 矿山测量

010204 矿井建设

010205 矿山机电

010206 采矿工业经济与组织

010207 油气井工程

010208 油气田开采

010209 石油工业经济与组织

010301 水电站动力装置

010302 电厂热能动力装置

010303 工业热工

010304 发电厂、电力网及电力系统

010305 高电压技术

010306 工业企业电气化及自动化

010307 动力工业经济与组织

010401 钢铁冶金

010402 有色金属冶金

010403 稀有金属冶金

010404 冶金炉

010405 钢铁压力加工

010406 有色金属压力加工

010407 金属学及热处理

010408 粉末冶金

010409 金属物理

010410 冶金物理化学

010411 冶金工业经济与组织

010501 机械制造工艺及设备

010502 机械制造工艺

010503 金属切削机床设计

010504 铸造

010505 锻压工艺及设备

010506 焊接工艺及设备

010507 金属学、热处理工艺及设备

010508 轧钢机械

010509 起重运输机械

010510 建筑及筑路机械

010511 矿山机械

010512 冶金机械

010513 石油矿场机械

010514 石油炼厂机械

010515 石油及天然气储存与运输

010516 化工机械

010517 轻工业机械

010518 纺织机械

010519 农业机械

010520 汽车拖拉机

010521 汽车

010522 拖拉机

010523 内燃机

010524 锅炉

010525 蒸汽轮机与燃气轮机（原名"涡轮机"专业）

010526 铁道车辆

010527 蒸汽机车

010528 内燃机车

010529 船舶设计与制造

010530 船舶制造与修理

010531 船舶内燃机

010532 船舶蒸汽轮机与燃气轮机

010533 船舶锅炉

010534 船舶动力装置

010535 船机制造与修理

010536 船舶辅助机械及设备系统

010537 水力机械

010538 压缩机

010539 制冷机及深度冷冻装置

010540 汽车拖拉机运用及修理（有的学校可以仅设汽车运用及修理专门组）

010541 林业机械

010542 木工机械

010543 机械制造工业经济与组织

010544 精密机械仪器

010545 光学仪器

010546 热工仪表及自动装置

010547 精密仪器制造工艺

010601 电机与电器

010602 电气绝缘及电缆技术

010603 船舶电工

010604 电力机车

010605 电磁测量技术及仪表

010701 无线电技术（本专业包括通讯、电视定位、导航遥控遥测等五方面内容。各校可根据本身条件，在统一安排下有所侧重）

010702 无线电设备结构与工艺

010703 电真空器件

010704 无线电测量技术及设备

010705 工业电子学

010706 无线电材料与元件（本专业包括磁性材料器件、绝缘材料与电阻电容两方面内容）

010707 半导体材料与器件

010708 自动控制

010709 计算技术与装置

010801 石油及天然气工学

010802 人造石油

010803 燃料化学工学

010804 无机物工学

010805 稀有元素工学

010806 硅酸盐工学

010807 电化学工学

010808 基本有机合成工学

010809 有机染料及中间体工学

010810 高分子化合物工学

010811 合成橡胶工学

010812 塑料工学

010813 化学纤维工学

010814 橡皮工学

010815 化学制药工学

010816 抗菌素工学

010817 化学工程学

010818 化工自动化（原名化工生产过程自动控制）

010819 化学工业经济与组织

010901 粮食加工及仓储工艺

010902 粮食加工

010903 粮油储藏

010904 发酵工学

010905 制糖工学

010906 食品工学

010907 油脂工学

011001 纺织工学

011002 纺织品染整工学

011003 皮革工学

011004 制浆造纸

011101 天文大地测量

011102 工程测量

011103 航空摄影测量

011104 制图学

011105 陆地水文

011201 建筑学

011202 工业与民用建筑

011203 混凝土及建筑制品

011204 建筑工程经济与组织

011205 给水排水

011206 供热供煤气及通风

011207 城市规划

011208 城市建设工程

011209 铁道工程

011210 公路与城市道路

011211 桥梁与隧道

011212 河川枢纽及水电站建筑

011213 水道及港口的水工建筑

011214 农田水利工程

011301 铁道运输

011302 铁道信号

01303 铁道无线通信

011304 铁道有线通信

011305 电力铁道供电

011306 铁道材料供应

011307 铁道运输经济

011308 海洋船舶驾驶

011309 轮机管理

011310 水运管理

011311 水运经济与组织

011312 工业运输

011401 无线电通信及广播

011402 电话电报通信

011403 有线电信设备

011404 邮电通信经济与组织

二、农科部分

020001 农学

020002 热带作物栽培

020003 作物遗传选种和良种繁育

020004 植物保护

020005 农业昆虫

020006 植物病理

020007 土壤和农业化学

020008 果树蔬菜

020009 果树

020010 蔬菜

020011 茶叶

020012 桑蚕

020013 畜牧兽医

020014 畜牧

020015 兽医

020016 农业经济

020017 农（牧）业生产机械化

020018 农业气象

020019 土地规划

020020 农田水利

020021 草原

020022 鱼类学与水产资源

020023 海洋捕捞

020024 淡水养殖

020025 海水养殖

020026 水产加工

三、林科部分

030001 林业

030002 亚热带林业

030003 森林病虫害防治

030004 水土保持

030005 特用经济林

030006 林区野生动物繁殖利用

030007 园林

030008 森林采伐运输

030009 木材水运

030010 木材机械加工

030011 林产化学工艺学

030012 农业经济与组织

四、卫生部分

040001 医学

040002 卫生学

040003 儿科医学

040004 口腔医学

040005 中医

040006 药学

040007 中药

040008 药物化学

040009 护理

040010 医学检验

五、师范部分

050001 汉语言文学

050002 中国少数民族语言文学

050003 俄语

050005 历史学

050006 政治教育

050007 学校教育

050008 学前教育

050009 心理学

050010 数学

050011 物理学

050012 化学

050013 生物学

050014 地理学

050015 体育

050016 音乐

050017 美术

（备注：1.为了适应规模较小的中学的需要，高等师范学校可以将两个学科性质相近的专业作为主、副科合并设置。

2.中国少数民族语言文学专业可以按民族分设专业。）

六、文科部分

060001 汉语言文学（个别学校可分设语言学、文学两个专业）

060002 古典文献

060003 中国少数民族语言文学（按民族分设专业，目前已设有 12 种少数民族语言文学专业）

060004 新闻学

060005 外国语言文学（按语种分设专业，目前已设有 29 种外国语言文学专业）

060006 历史学（个别学校可分设中国史、世界史两个专业）

060007 考古学

060008 历史档案

060009 图书馆学

060010 历史地理

060011 哲学

060012 政治经济学

060013 政治学

060014 心理学（也可以设基础侧重于自然科学方面的心理学专业）

七、理科部分

070001 数学（1）代数（2）几何（3）函数论（4）泛函分析（5）拓扑（6）数论（7）微分方程（8）概率论和数理统计或概率论（9）计算数学（10）运筹学（注：本专业内的某些专门组可以合并开设）

070002 计算数学

070003 应用数学（注：在高等工业学校中设置的理科专业）

070004 天文学（1）天体物理（注：本专门组也可设在物理学专业内）（2）天体测量（3）天体力学（4）射电天文（注：本专业也可设在无线电电子物理学专业内）

070005 力学（1）固体力学（2）流体力学（3）一般力学

070006 应用力学（注：在高等工业学校中设置的理科专业）

070007 物理学（1）理论物理（2）原子核物理（3）固体物理（注：这是一综合性的专门组，范围较宽，可包括金属物理、半导体物理、磁学等学科，个别学校可设固体理论专门组）（4）无线电物理（注：本专门组和电子物理专门组也可设在无线电电子物理学专业内）（5）光学（6）声学（7）磁学（8）电子物理（9）半导体物理（注：可在个别学校试办专业）（10）金属物理（11）电介质物理（12）分子物理（13）晶体学（14）低温物理（15）波谱学

070008 原子核物理学（1）原子核物理（注：条件具备时，可分设理论原子核物理和实验原子核物理两专门组）（2）电物理（3）中子物理

070009 无线电电子物理学（1）无线电物理（注：根据学校条件也可以分设无线电物理学和电子物理学两个专业）（2）电波传播（3）微波（4）波谱学和量子（5）电子物理（6）真空物理

070010 声学（1）物理声学（2）水声学

070011 地球物理学

070012 大气物理学

070013 海洋物理学（可以作为专门组设在物理学专业内）

070014 应用物理学（在高等学校中设置的理科专业）

070015 化学（1）无机化学（2）分析化学（3）有机化学（4）物理化学（5）胶体化学（6）高分子化学（7）放射化学（8）半导体化学（9）元素有机化学

070016 放射化学

070017 高分子化学

070018 海洋化学（注：可以作为专门组设在化学专业内）

070019 应用化学（注：在高等工业学校中设置的理科专业）

070020 生物学（注：在本专业下可设动物学专业和植物学专业的某些专门组）

070021 动物学（1）动物学（2）无脊椎动物学（3）脊椎动物学（4）昆虫学（5）组织学和胚胎学（6）动物生理学（注：如果有需要又有条件，可在个别学校设置动物生理学专业）（7）动物遗传学（8）细胞学（本专门组也可以设在植物学专业内，并可与这两个专业中的某些专门组合并设置）

070022 植物学（1）植物学（2）低等植物学（3）高等植物学（4）微生物学（5）植物生态学和地植物学（6）植物生理学（注：如果有需要又有条件，可在个别学校设置植物生理学专业）（7）植物遗传学

070023 微生物学

070024 生物化学（可以在化学专业内试办生物化学专门组）

070025 海洋生物学（可以在动物学专业或植物学专业内分别设置海洋动物学或海洋植物学专门组）

070026 遗传学

070027 人类学

070028 自然地理学（1）自然地理学（2）地貌学（3）陆地水文学（4）气候学（5）植物地理（6）土壤地理

070029 地图学

070030 海洋水文学

070031 气象学（1）天气学和动力气象学（2）气候学

070032 气候学

070033 海洋气象学

070034 地质学（1）构造地质学（2）古生物地层学（注：也可以设古生物学和地史学专门组。可以在个别学校设置古生物地层学专业）（3）水文地质学

070035 地球化学（1）地球化学（注：本专业内的某些专门组可以合并开设）（2）矿物学（注：可以和岩石学专门组合并为岩石矿物专门组，设在地质学专业内）（3）岩石学（4）矿床学

070036 海洋地质学

八、财经部分

080001 国民经济计划

080002 工业经济

080003 农业经济

080004 贸易经济

080005 财政金融（个别学校可分设财政、金融两个专业）

080006 统计学

080007 会计学

080008 对外贸易经济

080009 世界经济

080010 经济地理（说明：政治经济学专业已列入文科部分，本部分只列出部门经济各专业）

九、政法部分

090001 法律

090002 国际关系

十、体育部分

100001 体育

100002 田径运动

100003 体操

10004 球类运动（本专业内一般可分设篮球运动、排球运动、足球运动、乒乓球运动等专门组）

100005 游泳

100006 冰上运动

100007 武术

十一、艺术部分

110101 民族音乐作曲

110102 民族音乐理论

110103 民族声乐

110104 民族乐器演奏

110105 作曲

110106 指挥

110107 声乐

110108 钢琴

110109 管弦乐器演奏

110201 中国画（本专业内可设"书法篆刻"专门组）

110202 油画

110203 版画

110204 雕塑

110205 美术史

110301 染织美术

110302 陶瓷美术

110303 装潢美术

110304 建筑装饰美术

110305 漆器美术

110306 工业品美术

110307 印刷工艺

110401 话剧导演

110402 戏剧导演

110403 戏剧文学

110404 舞台美术设计

110405 舞台技术

110501 戏曲文学

110502 戏曲导演

110503 戏曲音乐

110504 戏曲舞台美术设计

110601 电影导演

110602 电影表演

110603 电影摄影

110604 电影文学

110605 电影美术设计

110606 电影工程

高等学校试办专业目录（1963）

一、工科试办专业

试工 001 团矿

试工 002 热工测量及自动化

试工 003 电厂化学

试工 004 金属腐蚀及防护

试工 005 精密合金

试工 006 船舶结构力学

试工 007 船舶流体力学

试工 008 金属热加工工艺及设备

试工 009 排灌机械

试工 010 渔业机械

试工 011 高分子材料成型加工设备

试工 012 非金属材料及成型工艺

试工 013 物理光学仪器

试工 014 光学材料

试工 015 专业仪器仪表

试工 016 真空技术设备

试工 017 电真空机械设备

试工 018 电物理装置

试工 019 电视设备

试工 020 电真空化学

试工 021 自动控制元件

试工 022 原子核电子学

试工 023 绝缘材料与器件

试工 024 磁性材料与器件

试工 025 树脂及涂料工学

试工 026 塑料及塑料制品工学

试工 027 罐头食品工学

试工 028 制冷与冷藏工艺

试工 029 纺织纤维材料

试工 030 治河工程

试工 031 水利工程施工

试工 032 地基基础

试工 033 地下建筑

试工 034 港口电气设备

试工 035 远洋运输业务

试工 036 公路运输管理

试工 037 市内通信设备

试工 038 长途通信设备

试工 039 机电设备管理

试工 040 金属材料管理

试工 041 机械工业材料供应

试工 042 矿山材料供应

试工 043 石油化学合成工学

二、农科试办专业

试农 001 农业微生物

试农 002 植物生理生化

试农 003 动物生理生化

试农 004 农用药剂

试农 005 农业电气化

试农 006 药用植物

试农 007 经济动物

三、林科试办专业

试林 001 治沙

试林 002 林区道路工程

四、理科试办专业

试理 001 数理逻辑（也可以作为专门组设在数学专业或计算数学专业）

试理 002 生物物理学（可以作为专门组设在理科生物类有关专业和物理学专业内，本专业也可以在个别有条件的高等医药院校和高等农业学校内试办）

试理 003 高分子物理

试理 004 物理力学

试理 005 爆破力学

试理 006 高速化学反应动力学

五、体育部分试办专业

试体 001 运动保健

附录3 20世纪80年代高等学校本科专业目录

高等学校工科本科专业目录（1984年6月）

第一部分 通用专业目录

0302 有色金属冶金

0303 冶金物理化学

一、地质类

0101 地质矿产勘查

0102 石油地质勘查

0103 煤田地质勘查

0104 水文地质与工程地质

0105 地球化学与勘查

0106 勘查地球物理

0107 矿场地球物理

0108 探矿工程

二、矿业类

0201 采矿工程

0202 露天开采

0203 矿井建设

0204 矿山测量

0205 采油工程

0206 钻井工程

0207 选矿工程

0208 矿山通风与安全

三、冶金类

0301 钢铁冶金

四、材料类

0401 金属材料与热处理

0402 金属压力加工

0403 粉末冶金

0404 无机非金属材料

0405 硅酸盐工程

0406 高分子材料

0407 腐蚀与防护

五、机械类

0501 机械制造工艺与设备

0502 热加工工艺及设备

0503 铸造

0504 锻压工艺及设备

0505 焊接工艺及设备

0506 机械设计及制造

0507 矿业机械

0508 冶金机械

0509 起重运输与工程机械

0510 化工设备与机械

0511 高分子材料加工机械

0512 纺织机械

0513 印刷机械

0514 食品机械

0515 农业机械

0516 汽车与拖拉机

0517 船舶工程

0518 铁道车辆

0519 热能动力机械与装置

0520 内燃机

0521 热力涡轮机

0522 锅炉

0523 制冷设备与低温技术

0524 水力机械

0525 压缩机

0526 真空技术及设备

0527 流体传动及控制

0528 电子精密机械

六、仪器仪表类

0601 精密仪器

0602 光学仪器

0603 时间计控技术及仪器

0604 电磁测量及仪表

0605 工业自动化仪表

0606 电子仪器及测量技术

七、热工类

0701 工程热物理

0702 热能工程

0703 电厂热能动力工程

八、电气类

0801 电机

0802 电器

0803 电气绝缘与电缆

0804 电力系统及其自动化

0805 继电保护与自动远动技术

0806 高电压技术及设备

0807 工业电气自动化

0808 生产过程自动化

0809 电气技术

0810 铁道电气化

0811 电力牵引与传动控制

0812 应用电子技术

九、电子类

0901 无线电技术

0902 电子工程

0903 水声电子工程

0904 电磁场与微波技术

0905 半导体物理与器件

0906 电子材料与元器件

0907 磁性物理与器件

0908 物理电子技术

0909 光电子技术

0910 计算机及应用

0911 计算机软件

0912 自动控制

0913 交通信号与控制

0914 电子设备结构

十、通信类

1001 通信工程

1002 无线通信

1003 多路通信

1004 广播电视工程

十一、土建类

1101 建筑学

1102 城市规划

1103 风景园林

1104 工业与民用建筑工程

1105 地下工程与隧道工程

1106 铁道工程

1107 桥梁工程

1108 公路与城市道路工程

1109 供热通风与空调工程

1110 城市燃气工程

1111 给水排水工程

1112 建筑材料与制品

十二、水利类

1201 陆地水文

1202 海洋工程水文

1203 水利水电工程建筑

1204 水利水电工程施工

1205 水利水电动力工程

1206 农田水利工程

1207 河流泥沙与治河工程

1208 港口及航道工程

十三、测绘类

1301 大地测量

1302 工程测量

1303 摄影测量与遥感

1304 地图制图

1305 大气探测技术

十四、环境类

1401 环境工程

1402 环境监测

十五、化工类

1501 化学工程

1502 无机化工

1503 有机化工

1504 高分子化工

1505 煤化工

1506 石油加工

1507 精细化工

1508 生物化工

1509 工业分析

1510 电化学生产工艺

十六、轻工、粮食与食品类

1601 制糖工程

1602 皮革工程

1603 制浆造纸工程

1604 橡胶工程与塑料工程

1605 粮食工程

1606 粮油储藏

1607 油脂工程

1608 食品工程

1609 发酵工程

1610 印刷技术

十七、纺织类

1701 纺织工程（含棉纺织、毛纺织、麻绢纺织）

1702 丝绸工程

1703 针织工程

1704 染整工程

1705 化学纤维

十八、运输类

1801 海洋船舶驾驶

1802 轮机管理

1803 船舶通信导航

1804 船舶电气管理

1805 铁道运输

1806 汽车运用工程

1807 石油储运

1808 总图设计与运输

十九、原子能类

1901 铀矿地质勘查

1902 同位素分离

1903 核材料

1904 核反应堆工程

1905 核动力装置

1906 加速器

1907 核电子学与核技术应用

1908 核化工

二十、管理工程类

2001 工业管理工程

2002 建筑管理工程

2003 交通运输管理工程

2004 邮电管理工程

2005 物资管理工程

2006 技术经济

二十一、应用理科及力学类

2101 应用数学

2102 应用物理

2103 应用光学

2104 应用化学

2105 工程力学

第二部分　试办专业目录

试 01 矿山工程物理

试 02 油藏工程

试 03 材料科学

试 04 复合材料

试 05 机械制造工程

试 06 工业造型设计

试 07 分析仪器

试 08 生物医学工程与仪器

试 09 检测技术及仪器

试 10 工业自动化

试 11 微电子电路与系统

试 12 信息工程

试 13 计算机通信

试 14 图像传输与处理

试 15 土建结构工程

试 16 岩土工程

试 17 城镇建设

试 18 交通工程

试 19 水资源规划及利用

试 20 海洋工程

试 21 测量学

试 22 环境规划与管理

试 23 工业化学

试 24 工业催化

试 25 包装工程

试 26 食品科学

试 27 纺织材料

试 28 纺织品设计

试 29 服装

试 30 管理信息系统

试 31 系统工程

试 32 安全工程

第三部分　军工专业目录

这部分目录另行印发设有军工类专业的学校。

普通高等学校农科、林科本科专业目录（1986 年 7 月）

农科

一、农学基础类

0101 植物生理与生物化学

0102 动物生理与生物化学

0103 农业微生物

0104 水生生物

0105 农业化学

试 0101 生物工程

试 0102 应用数学（农业）

试 0103 应用物理（农业）

二、植物生产类

0201 作物

0202 热带作物

0203 果树

0204 蔬菜

0205 观赏园艺

0206 茶学

0207 药用植物

0208 植物遗传育种

0209 植物保护

0210 植物病理

0211 农业昆虫学

0212 土壤与植物营养

三、动物生产类

0301 畜牧

0302 草原

0303 动物遗传育种

0304 动物营养与饲料加工

0305 蚕学

0306 蜂学

四、水产类

0401 淡水渔业

0402 海水养殖

0403 海洋渔业

五、经济、管理类

0501 农牧业经济管理

0502 农业经济

0503 渔业经济管理

0504 农业计划与统计

0505 土地规划与利用

试 0501 农业贸易

试 0502 农业对外贸易

六、农业工程类

0601 农业机械化

0602 农业建筑与环境工程

0603 农业电气化自动化

试 0601 农业水资源利用与管理

试 0602 农村能源开发与利用

试 0603 农业系统工程

七、农产品加工类

0701 农（备、水）产品贮藏与加工

0702 制冷与冷藏技术

八、兽医类

0801 兽医

0802 中兽医

0803 兽医公共卫生

0804 实验动物

九、资源、环境类

0901 渔业资源

0902 农业气象

0903 农业环境保护

试 0901 野生植物资源

试 0902 农业生态

试 0903 水域生物环境保护

十、应用文科类

试 1001 农业信息

林科

一、林学基础类

0101 森林生物学

0102 木材学

二、营林类

0201 林学

0202 森林保护

0203 经济林

三、资源、环境类

0301 水土保持

0302 沙漠治理

0303 园林

0304 野生动物保护与利用

试 0301 自然保护区资源管理

四、森林工程类

0401 森林采运工程

0402 森林道路与桥梁工程

0403 林业机械

五、林产加工类

0501 木材加工

0502 林产化工

0503 木材保护与改性

试 0501 家具设计与制造

六、经济、管理类

0601 林业经济管理

试 0601 木材贸易

试 0602 林业信息管理

全国普通高等学校医药本科专业目录（1987 年 8 月）

一、基础医学类专业

0101 基础医学

二、预防医学类专业

0201 预防医学

0202 环境医学

0203 卫生检验

0204 营养与食品卫生

三、临床医学类专业

0301 临床医学

0302 儿科医学

0303 妇产科学

0304 眼耳鼻喉科学

0305 精神病学与精神卫生

0306 放射医学

0307 医学影像学

0308 医学检验

0309 医学营养学

0310 麻醉学

0311 护理学

四、口腔医学类专业

0401 口腔医学

0402 口腔修复学

五、中医学类专业

0501 中医学

0502 中医养生康复学

0503 中医五官科学

0504 针灸学

0505 推拿学

0506 中医骨伤科学

0507 蒙医学

0508 藏医学

六、法医学类专业

0601 法医学

0602 法医物证学

七、药学类专业

0701 药学

0702 药物化学

0703 药物分析

0704 化学制药

0705 生物制药

0706 微生物制药

0707 药物制剂

0708 药理学

0709 中药学

0710 中药制药

0711 中药鉴定

八、管理类专业

0801 卫生事业管理

0802 医药企业管理

九、应用文理工科类专业

0901 科技外语（医学·药学）

0902 图书情报学（医学·药学）

0903 应用数学（医学·药学）

0904 应用物理学（医学）

0905 应用化学（医学·药学）

0906 生物医学工程

试办专业

试 01 中医基础医学

试 02 中医文献学

试 03 中医外科学

试 04 口腔颌面外科学

试 05 妇幼卫生

试 06 临床医学

试 07 中药药理学

试 08 中药资源

试 09 卫生经济学

试 10 卫生统计学

普通高等学校社会科学本科专业目录（1987 年 12 月）

一、中国语言文学类

0101 汉语言文学

0102 中国文学（个别学校设置）

0103 汉语言学（个别学校设置）

0104 古典文献（个别学校设置）

0105 汉语言（个别学校设置）

0106 蒙古语言文学（个别学校设置）

0107 藏语言文学（个别学校设置）

0108 维吾尔语言文学（个别学校设置）

0109 维吾尔语言（个别学校设置）

0110 朝鲜语言文学（个别学校设置）

0111 哈萨克语言文学（个别学校设置）

0112 哈萨克语言（个别学校设置）

0113 编辑学（试办）

0114 对外汉语（试办）

0115 语言学（试办）

二、历史学类

0201 历史学

0202 考古学

0203 博物馆学

0204 中国历史（个别学校设置）

0205 世界历史（个别学校设置）

0206 历史地理（个别学校设置）

0207 民族学（个别学校设）

0208 人类学（个别学校设置）

三、哲学类

0301 哲学

0302 逻辑学（个别学校设置）

0303 宗教学（个别学校设置）

0304 自然辩证法（个别学校设置）

0305 伦理学（个别学校设置）

0306 美学（试办）

四、社会学类

0401 社会学

0402 人口学

0403 社会工作与管理（试办）

0404 社会心理学（试办）

五、新闻学类

0501 新闻学

0502 国际新闻

0503 广播电视新闻

0504 播音

0505 广播电视管理

0506 新闻摄影（试办）

0507 广告学（试办）

六、图书情报档案学类

0601 图书馆学

0602 档案学

0603 科技档案（个别学校设置）

0604 社会科学情报学（试办）

0605 图书发行管理学（试办）

0606 档案保护（试办）

七、政治学类

0701 政治学

0702 国际政治

0703 外交学（个别学校设置）

0704 国际共产主义运动（个别学校设置）

0705 行政管理学（试办）

0706 国际文化交流（试办）

0707 人事管理（试办）

八、马克思主义理论、思想政治教育类

0801 马克思主义基础

0802 中国革命史

0803 中国社会主义建设

0804 思想政治教育

0805 中国共产党党史（个别学校设置）

0806 科学社会主义（个别学校设置）

0807 世界政治经济与国际关系（试办）

九、法学类

0901 法学

0902 经济法

0903 国际法（个别学校设置）

0904 国际经济法（个别学校设置）

0905 侦查学（个别学校设置）

0906 劳动改造法（个别学校设置）

0907 犯罪学（个别学校设置）

0908 知识产权法（试办）

0909 环境法（试办）

十、经济、管理学类

1001 政治经济学（经济学）

1002 国民经济计划学

1003 国民经济管理学

1004 统计学

1005 财政学

1006 税收

1007 金融学（货币银行学）

1008 国际金融

1009 保险

1010 会计学

1011 审计学

1012 世界经济（国际经济）

1013 国际经济合作

1014 工业经济

1015 农业经济

1016 商业经济（贸易经济）

1017 国际贸易

1018 旅游经济

1019 企业管理（工业企业管理、商业企业管理）

1020 投资经济管理

1021 劳动经济

1022 工商行政管理

1023 经济信息管理（管理信息系统）

1024 价格学（个别学校设置）

1025 农村金融（个别学校设置）

1026 土地管理（个别学校设置）

1027 物资经济（个别学校设置）

1028 粮食经济（个别学校设置）

1029 仓储运输管理（个别学校设置）

1030 生产布局（个别学校设置）

1031 海关管理（个别学校设置）

1032 管理科学（个别学校设置）

1033 商品学（个别学校设置）

1034 商品检验养护（个别学校设置）

1035 国际税收（试办）

1036 财务学（试办）

1037 国际保险（试办）

1038 国际会计（试办）

1039 生态经济（环境经济）（试办）

1040 运输经济（试办）

1041 合作经济（试办）

1042 市场营销（试办）

1043 国际企业管理（试办）

1044 国际运输管理（试办）

1045 餐旅企业管理（试办）

1046 城市经济管理（试办）

1047 标准化管理（试办）

1048 数量经济学（试办）

十一、外国语言文学类

1101 英语（英语语言文化）1102 俄语

1103 德语（德语语言文化）1104 法语（法语语言文化）

1105 西班牙语（西班牙语语言文化）

1106 阿拉伯语（阿拉伯语言文化）

1107 日语（日本语言文化）

1108 波斯语（波斯语言文化）（个别学校设置）

1109 朝鲜语（朝鲜语言文化）（个别学校设置）

1110 菲律宾语言文化（个别学校设置）1111 古印度语言文学（个别学校设置）

1112 印度尼西亚语（印度尼西亚语言文化）（个别学校设置）

1113 印地语（印地语语言文化）（个别学校设置）

1114 柬埔寨语（柬埔寨语言文化）（个别学校设置）

1115 老挝语（老挝语言文化）（个别学校设置）

1116 缅甸语（缅甸语言文化）（个别学校设置）

1117 马来语（马来西亚语言文化）（个别学校设置）1118 蒙古语（蒙古语言文化）（个别学校设置）

1119 僧加罗语（斯里兰卡语言文化）（个别学校设置）

1120 泰语（泰国语言文化）（个别学校设置）1121 乌尔都语（乌尔都语言文化）（个别学校设置）

1122 希伯莱语（希伯莱语语言文化）（个别学校设置）

1123 越南语（越南语言文化）（个别学校设置）

1124 豪萨语（豪萨语言文化）（个别学校设置）

1125 斯瓦希里语（斯瓦希里语言文化）（个别学校设置）

1126 阿尔巴尼亚语（阿尔巴尼亚语言文化）（个别学校设置）

1127 保加利亚语（保加利亚语言文化）（个别学校设置）

1128 波兰语（波兰语言文化）（个别学校设置）

1129 捷克语言和捷克斯洛伐克文化（个别学校设置）

1130 罗马尼亚语（罗马尼亚语言文化）（个别学校设置）

1131 葡萄牙语（葡萄牙语语言文化）（个别学校设置）

1132 瑞典语（瑞典语言文化）（个别学校设置）

1133 塞尔维亚－克罗地亚语言和南斯拉夫文化（个别学校设置）

1134 土耳其语（土耳其语言文化）（个别学校设置）

1135 希腊语（希腊语言文化）（个别学校设置）

1136 匈牙利语（匈牙利语言文化）（个别学校设置）

1137 意大利语（意大利语言文化）（个别学校设置）

1138 英语语言文学（个别学校设置）

1139 俄语语言文学（个别学校设置）

1140 德语语言文学（个别学校设置）

1141 法语语言文学（个别学校设置）

1142 西班牙语语言文学（个别学校设置）

1143 日本语言文学（个别学校设置）

1144 专门用途外语（科技）（注明语种）

1145 专门用途外语（旅游）（注明语种）

1146 专门用途外语（国际贸易）（注明语种）

1147 专门用途外语（外事管理）（试办）

十二、艺术类

1201 作曲与作曲技术理论

1202 指挥

1203 音乐学

1204 演唱

1205 键盘乐器演奏

1206 管弦（打击）乐器演奏

1207 中国乐器演奏

1208 音乐文学（试办）

1209 音乐音响导演（试办）

1210 中国画

1211 油画

1212 版画

1213 壁画

1214 民间和通俗美术

1215 雕塑

1216 美术史论

1217 环境艺术设计

1218 工业造型设计

1219 染织设计

1220 服装设计

1221 陶瓷设计

1222 漆艺

1223 装潢艺术

1224 装饰艺术设计

1225 工艺美术历史及理论

1226 戏剧导演

1227 戏剧（影视）表演

1228 戏剧文学

1229 舞台设计

1230 灯光和音响设计

1231 服装和化妆设计

1232 戏曲文学

1233 戏曲表演

1234 戏曲导演

1235 戏曲作曲

1236 戏曲舞台美术设计

1237 舞蹈史与舞蹈理论

1238 舞蹈编导

1239 舞蹈教育

1240 文艺编导

1241 电视专题节目编辑

1242 电视导演

1243 电影文学

1244 电影导演

1245 电影表演

1246 电影摄影

1247 动画

1248 电影电视美术设计

1249 录音艺术

1250 文化事业管理（试办）

普通高等学校理科本科基本专业目录（1987 年 11 月）

一、数学类

0101 数学

0102 计算数学及其应用软件

0103 应用数学

0104 数理统计

0105 运筹学

0106 控制科学

二、物理学类

0201 物理学（特意方向：理论物理、半导体物理、固体物理、晶体物理、低温物理、光学、磁学、等离子体物理、电子物理）

0202 应用物理学

0203 原子核物理及核技术

三、化学类

0301 化学（特意方向：无机化学、有机化学、分析化学、物理化学、生物化学、高分子化学）

0302 应用化学

0303 材料化学

0304 环境化学

0305 放射化学

0306 食品化学

四、生物学类

0401 植物学

0402 动物学

0403 微生物学

0404 生理学

0405 植物生理学

0406 遗传学

0407 细胞生物学

0408 生物化学

0409 生态学与环境生物学

五、天文学类

0501 天文学

六、地质学类

0601 地质学

0602 构造地质学

0603 地震地质学

0604 古生物学及地层学

0605 水文地质学与工程地质学

0606 岩矿地球化学

0607 放射性矿产地质学

七、地理学类

0701 自然地理学

0702 地貌学与第四纪地质学

0703 水资源与环境

0704 经济地理学与城乡区域规划

0705 地理信息与地图学

八、地球物理学类

0801 地球物理学

0802 空间物理学

九、大气科学类

0901 天气动力学

0902 气候学

0903 大气物理学与大气环境

0904 大气探测学

十、海洋科学类

1001 物理海洋学

1002 海洋物理学

1003 海洋化学

1004 海洋生物学

1005 海洋地质学

十一、力学类

1101 力学

1102 应用力学

十二、信息与电子科学类

1201 电子学与信息系统

1202 无线电物理学

1203 物理电子学

1204 声学

1205 光学

1206 微电子学

十三、计算机科学与技术类

1301 计算机软件

1302 计算机及应用

十四、心理学类

1401 心理学

1402 工业心理学

试办专业

试 01 信息科学

试 02 经济数学

试 03 科技情报

试 04 材料科学

试 05 分子生物学

试 06 微生物工程学

试 07 生物医学电子学

试 08 自然资源管理

试 09 矿物岩石材料学

试 10 环境地学

全国普通高等学校体育本科专业目录（1988 年 11 月）

一、教育学类专业

0101 体育教育专业

二、训练学类专业

0201 运动训练专业

三、应用文、理科类专业

0301 体育管理专业

四、人体科学类专业

0401 体育生物科学专业

五、传统体育类专业

0501 武术专业

六、试办专业

试 01 体育新闻专业

试 02 体育保健康复专业

试 03 运动心理专业

试 04 警察体育专业

附录 4 普通高等学校本科专业目录（1993 年）

01 学科门类：哲学

0101 哲学类
010101 哲学
010102 逻辑学
010103 伦理学
010104※ 宗教学

0102 马克思主义理论类
010201 马克思主义基础
010202 国际共产主义运动
010203 中国共产党党史
010204 中国革命史
010205 中国社会主义建设

02 学科门类：经济学

0201 经济学类
020101 经济学
020102 国民经济管理
020103 统计学
020104 财政学
020105 货币银行学
020106 国际经济
020107 农业经济
020108 工业经济
020109 贸易经济
020110 运输经济
020111 劳动经济

020112 国际金融
020113 国际贸易
020114 税务
020115 审计学
020116 保险
020117 投资经济
020118 工商行政管理
020119 土地管理

0202 工商管理类
020201 企业管理
020202 国际企业管理（注：可授经
济学或工学学士学位）
020203 会计学
020204 理财学
020205 市场营销
020206 经济信息管理
020207 人力资源管理
020208 房地产经营管理（注：可授
经济学或工学学士学位）
020209 旅游管理
020210 物流管理
020211 海关管理
020212 商品学

03 学科门类：法学

0301 法学类
030101 法学

030102 经济法

030103 国际法

030104 国际经济法

030105 劳动改造学

0302 社会学类（注：可授法学或哲学学士学位）

030201 社会学

030202 人口学

030203※ 社会工作

0303 政治学类（注：可授法学或哲学学士学位）

030301 政治学

030302 国际政治

030303 行政管理学

030304※ 外交学

0304 公安学类

030401 警察管理

030402 治安管理

030403 出入境管理

030404 武警指挥（注：可授法学或军事学学士学位）

030405 边防公安

030406 侦察

030407 安全防范

04 学科门类：教育学

0401 教育学类

040101 教育学

040102 幼儿教育

040103 特殊教育

040104 教育管理

040105 教育技术学（注：可授教育学或理学学士学位）

0402 思想政治教育类

040201 思想政治教育（注：可授教育学或法学学士学位）

0403 体育学类

040301 体育教育

040302※ 运动训练

040303 体育管理（注：可授教育学或理学学士学位）

040304※ 体育生物科学（注：可授教育学或理学学士学位）

040305※ 体育保健康复（注：可授教育学或理学学士学位）

040306※ 武术

040307 警察体育

05 学科门类：文学

0501 中国语言文学类

050101 汉语言文学

050102 中国文学

050103 汉语言文学

050104 藏语言文学

050105 蒙古语言文学

050106 维吾尔语言文学

050107 朝鲜语言文学

050108 哈萨克语言文学

050109 语言学

050110 编辑学

050111※ 古典文献

050112※ 对外汉语

050113 汉语言文学教育

050114 少数民族语言文学教育

0502 外国语言文学类

050201 英语

050202 俄语

050203 德语

050204 法语

050205 西班牙语

050206 阿拉伯语

050207 日语

050208 波斯语

050209 朝鲜语

050210 菲律宾语

050211 古印度语

050212 印度尼西亚语

050213 印地语

050214 柬埔寨语

050215 老挝语

050216 缅甸语

050217 马来语

050218 蒙古语

050219 僧加罗语

050220 泰语

050221 乌尔都语

050222 希伯莱语

050223 越南语

050224 豪萨语

050225 斯瓦希里语

050226 阿尔巴尼亚语

050227 保加利亚语

050228 波兰语

050229 捷克语

050230 罗马尼亚语

050231 葡萄牙语

050232 瑞典语

050233 塞尔维亚 – 克罗地亚语

050234 土耳其语

050235 希腊语

050236 匈牙利语

050237 意大利语

050238 英语教育

050239 俄语教育

050240 日语教育

0503 新闻学类

050301 新闻学

050302 广播电视新闻

050303 国际新闻

050304 广告学

050305※ 播音

050306※ 体育新闻

0504 艺术类

050401 音乐学

050402 指挥

050403 作曲与作曲技术理论

050404 演唱

050405 键盘乐器演奏

050406 管弦（打击）乐器演奏

050407 中国乐器演奏

050408※ 乐器修造艺术（注：可授文学或工学学士学位）

050409 音乐音响导演

050410 中国画

050411 油画

050412 版画

050413 壁画

050414 雕塑

050415 美术学

050416 环境艺术设计

050417 工艺美术学

050418 染织艺术设计

050419 服装艺术设计

050420 陶瓷艺术设计

050421 装潢艺术设计

050422 装饰艺术设计

050423 导演

050424 表演

050425 戏剧文学

050426 舞台设计

050427 灯光设计

050428 演出音响设计

050429 服装和化妆设计

050430 戏曲文学

050431 戏曲作曲

050432 舞蹈史与舞蹈理论

050433 舞蹈编导

050434 舞蹈教育

050435 文艺编导

050436 电视编辑

050437 电影文学

050438 电影摄影

050439 动画

050440 电影电视美术设计

050441 录音艺术

050442 文化艺术事业管理

050443※ 广播电视文学

050444※ 影像工程（注：可授文学或工学学士学位）

050445 音乐教育

050446 美术教育

06 学科门类：历史学

0601 历史学类

060101 历史学

060102 中国历史

060103 世界历史

060104 考古学

060105 博物馆学

060106※ 人类学

060107※ 民族学

060108 历史学教育

0602 图书信息档案学类（注：可授历史学、文学或理学学士学位）

060201 图书馆学

060202 信息学

060203 档案学

060204※ 科技档案

060205※ 图书出版发行学

07 学科门类：理学

0701 数学类
070101 数学
070102 应用数学
070103 计算数学及其应用软件
070104 统计与概率
070105※ 运筹学
070106※ 控制科学
070107※ 信息科学
070108 数学教育

0702 物理学类
070201 物理学
070202 应用物理学
070203 原子核物理学及核技术
070204 物理学教育

0703 化学类
070301 化学
070302 应用化学
070303 化学教育

0704 生物科学类
070401 生物学
070402 生物化学
070403 微生物学
070404※ 生物技术
070405 生物学教育

0705 天文学类
070501 天文学

0706 地质学类
070601 地质学
070602 构造地质学
070603 古生物学及地层学
070604 地球化学

0707 地理科学类
070701 地理学
070702※ 地貌学与第四纪地质学
070703 资源环境区划与管理
070704 经济地理学与城乡区域规划
070705 地理信息系统与地图学
070706 地理学教育

0708 地球物理学类
070801 地球物理学
070802 空间物理学

0709 大气科学类
070901 气象学
070902 气候学
070903 大气物理学与大气环境
070904 农业气象

0710 海洋科学类
071001 海洋学
071002 海洋物理学
071003 海洋化学

071004 海洋生物学

0711 力学类
071101 理论与应用力学

0712 信息与电子科学类
071201 无线电物理学
071202 电子学与信息系统
071203 微电子学
071204 应用光学
071205 声学

0713 材料科学类
071301 材料物理（注：可授理学或
工学学士学位）
071302 材料化学

0714 环境科学类
071401 环境学
071402 生态学

0715 心理学类
071501 心理学
071502 应用心理学

0716 科技信息与管理类
071601 管理科学（注：可授理学或
工学学士学位）
071602 科技信息

08 学科门类：工学

0801 地矿类
080101 地质矿产勘查
080102 石油与天然气地质勘查
080103 水文地质与工程地质
080104 应用地球化学
080105 应用地球物理
080106 采矿工程
080107 矿山通风安全
080108 勘察工程
080109 矿井建设
080110 石油工程
080111 选矿工程

0802 材料类
080201 钢铁冶金
080202 有色金属冶金
080203 冶金物理化学
080204 金属材料与热处理
080205 金属压力加工
080206 无机非金属材料
080207 硅酸盐工程
080208 高分子材料与工程
080209 粉末冶金
080210 复合材料
080211 腐蚀与防护
080212※ 材料科学与工程

0803 机械类

080301 机械制造工艺与设备

080302 热加工工艺及设备

080303 铸造

080304 塑性成形工艺及设备

080305 焊接工艺及设备

080306 机械设计及制造

080307 化工设备与机械

080308 船舶工程

080309 汽车与拖拉机

080310 机车车辆工程

080311 热力发动机

080312 流体传动及控制

080313 流体机械及流体工程

080314 真空技术及设备

080315 机械电子工程

080316 工业设计（注：可授工学或文学学士学位）

080317 设备工程与管理

0804 仪器仪表类

080401 精密仪器

080402 光学技术与光电仪器

080403 检测技术及仪器仪表

080404 电子仪器及测量技术

080405※ 几何量计量测试

080406※ 热工计量测试

080407※ 力学计量测试

080408※ 光学计量测试

080409※ 无线电计量测试

0805 热能核能类

080501 热能工程

080502 制冷与低温技术

080503 核技术

080504 核工程

0806 电工类

080601 电机电器及其控制

080602 电力系统及其自动化

080603 高电压与绝缘技术

080604 工业自动化

080605 电气技术

0807 电子与信息类

080701 电子材料与元器件

080702 微电子技术

080703 电子工程

080704 应用电子技术

080705 信息工程

080706 电磁场与微波技术

080707 物理电子技术

080708 光电子技术

080709 计算机及应用（注：可授工学或理学学士学位）

080710 计算机软件（注：可授工学或理学学士学位）

080711 自动控制

080712 通信工程

080713 生物医学工程

080714 计算机科学教育（注：可授工学或理学学士学位）

0808 土建类

080801 建筑学

080802 城市规划

080803 建筑工程

080804 城镇建设

080805 交通土建工程

080806 供热通风与空调工程

080807 城市燃气工程

080808 给水排水工程

080809※ 工业设备安装工程

0809 水利类

080901 水文与水资源利用

080902 水利水电建筑工程

080903 水利水电动力工程

080904 港口航道及治河工程

080905 海岸与海洋工程

0810 测绘类

081001 大地测量

081002 测量工程

081003 摄影测量与遥感

081004 地图学

0811 环境类

081101 环境工程

081102 环境监测

081103 环境规划与管理（注：可授
工学或理学学士学位）

0812 化工与制药类

081201 化学工程

081202 化工工艺

081203 高分子化工

081204 精细化工

081205 生物化工

081206 工业分析

081207 电化学工程

081208 工业催化

081209 化学制药

081210 生物制药

081211 微生物制药

081212 药物制剂

081213 中药制药

0813 轻工粮食食品类

081301 制糖工程

081302 皮革工程

081303 制浆造纸工程

081304 印刷技术

081305 粮食工程

081306 油脂工程

081307 食品科学与工程

081308 发酵工程

081309 包装工程

081310 烟草工程

0814 农业工程类

081401 农业机械化

081402 农业建筑与环境工程

081403 农业电气化自动化

081404 农田水利工程

081405 土地规划与利用（注：可授
工学或经济学学士学位）

081406 农村能源开发与利用

081407 农产品贮运与加工

081408 水产品贮藏与加工

081409 冷冻冷藏工程

0815 林业工程类

081501 森林工程

081502 林业与木工机械

081503 木材加工

081504 林产化工

081505 室内与家具设计

0816 纺织类

081601 纺织工程

081602 丝绸工程

081603 针织工程

081604 染整工程

081605 纺织材料及纺织品设计

081606 服装

0817 交通运输类

081701 交通运输

081702 载运工具运用工程

081703 交通工程

081704 海洋船舶驾驶

081705 轮机管理

081706 飞机驾驶

081707 石油天然气储运工程

081708 总图设计与运输工程

0818 航空航天类

081801 航空飞行器设计

081802 空间飞行器设计

081803 飞行器强度与实验技术

081804 飞行器动力工程

081805 飞行器制造工程

081806 飞行器制导与控制

081807 火箭导弹发射技术与设备

081808 飞行器环境控制与安全救生

0819 兵器类

081901 火炮与自动武器

081902 火箭武器

081903 弹药工程

081904 弹道工程

081905 鱼雷水雷工程

081906 火控与指挥系统工程

081907 火炸药

081908 引信技术

081909 爆炸技术及应用

081910 火工与烟火技术

081911 军用车辆工程

0820 公安技术类

082001 防火工程

082002 灭火技术

082003 火灾原因技术鉴定

082004 道路交通管理工程

082005 道路交通事故防治工程

082006 痕迹检验（注：可授工学或

理学学士学位）

082007 文件鉴定（注：可授工学或理学学士学位）

082008 法化学（注：可授工学或理学学士学位）

082009 公共安全图像技术（注：可授工学或理学学士学位）

0821 工程力学类

082101 工程力学

082102 空气动力学与飞行力学

0822 管理工程类

082201 管理工程

082202 技术经济（注：可授工学或经济学学士学位）

082203 管理信息系统

082204 工业外贸

082205※ 系统工程

082206※ 安全工程

082207※ 工业工程

09 学科门类：农学

0901 植物生产类

090101 农学

090102 热带作物

090103 园艺

090104 果树

090105 蔬菜

090106 观赏园艺

090107 植物保护

090108 土壤与农业化学

090109 药用植物

090110 茶学

090111 草学

0902 森林资源类

090201 林学

090202 森林保护

090203 经济林

090204 野生植物资源开发与利用（注：可授农学或理学学士学位）

090205 野生动物保护与利用

0903 环境保护类

090301 园林

090302 风景园林（注：可授农学或工学学士学位）

090303 水土保持

090304 沙漠治理

090305 农业环境保护

0904 动物生产与兽医类

090401 畜牧兽医

090402 畜牧

090403 实验动物

090404 蚕学

090405 蜂学

090406 动物营养与饲料加工

090407 兽医

090408 中兽医

090409 动物药学

0905 水产类

090501 淡水渔业

090502 海水养殖

090503 海洋渔业（注：可授农学或工学学士学位）

0906 管理类

090601 农业经济管理（注：可授农学或经济学学士学位）

090602 林业经济管理（注：可授农学或经济学学士学位）

090603 渔业经济管理（注：可授农学或经济学学士学位）

090604 渔业资源与渔政管理（注：可授农学或理学学士学位）

090605 自然保护区资源管理

090606 林业信息管理（注：可授农学或工学学士学位）

0907 农业推广类

090701※ 农业推广

10 学科门类：医学

1001 基础医学类

100101 基础医学（注：可授医学或理学学士学位）

1002 预防医学类

100201 预防医学

100202 环境医学

100203 卫生检验（注：可授医学或理学学士学位）

100204 营养与食品卫生

100205※ 妇幼卫生

1003 临床医学与医学技术类

100301 临床医学

100302 儿科医学

100303 精神病学与精神卫生

100304 放射医学

100305※ 医学影像学

100306※ 医学检验（注：可授医学或理学学士学位）

100307 医学营养学

100308※ 麻醉学

1004 口腔医学类

100401 口腔医学

1005 中医学类

100501 中医学

100502 中医五官科学

100503 中医骨伤科学

100504※ 中医外科学

100505※ 中医养生康复学

100506 针灸学

100507 推拿学

100508※ 中医文献学

100509 蒙医学

100510 藏医学

1006 法医学类
100601 法医学
1007 护理学类
100701 护理学（注：可授医学或理学学士学位）

1008 药学类（注：可授医学或理学学士学位）
100801 药学
100802 药物化学

100803 药物分析
100804 药理学
100805※ 临床药学
100806 中药学
100807 中药检定
100808 中药药理学
100809 中药资源
1009 管理类
100901 卫生事业管理

附录5 普通高等学校本科专业目录

普通高等学校本科专业目录（1998 年颁布）

01 学科门类：哲学

0101 哲学类
010101 哲学
010102* 逻辑学
010103* 宗教学

02 学科门类：经济学

0201 经济学类
020101 经济学
020102 国际经济与贸易
020103 财政学
020104 金融学

03 学科门类：法学

0301 法学类
030101 法学

0302 马克思主义理论类
030201* 科学社会主义与国际共产主义运动
030202* 中国革命史与中国共产党党史

0303 社会学类

030301* 社会学（注：可授法学或哲学学士学位）
030302 社会工作（注：可授法学或哲学学士学位）

0304 政治学类
030401 政治学与行政学（注：可授法学或哲学学士学位）
030402 国际政治（注：可授法学或哲学学士学位）
030403* 外交学（注：可授法学或哲学学士学位）
030404 思想政治教育（注：可授法学或教育学学士学位）

0305 公安学类
030501 治安学
030502 侦查学
030503 边防管理

04 学科门类：教育学

0401 教育学类
040101 教育学
040102 学前教育
040103* 初等教育
04010 特殊教育

040105 教育技术学（注：可授教育学或理学学士学位）

0402 体育学类
040201 体育教育
040202* 运动训练
040203 社会体育
040204* 运动人体科学
040205* 民族传统体育

05 学科门类：文学

0501 中国语言文学类
050101 汉语言文学
050102 汉语言
050103* 对外汉语
050104 中国少数民族语言文学（可注明藏、蒙、维、朝、哈等语言文学）
050105* 古典文献

0502 外国语言文学类
050201 英语
050202 俄语
050203* 德语
050204* 法语
050205* 西班牙语
050206* 阿拉伯语
050207 日语
050208 △波斯语
050209* 朝鲜语
050210 △菲律宾语

050211 △梵语巴利语
050212 △印度尼西亚语
050213 △印地语
050214 △柬埔寨语
050215 △老挝语
050216 △缅甸语
050217 △马来语
050218 △蒙古语
050219 △僧加罗语
050220* 泰语
050221 △乌尔都语
050222 △希伯莱语
050223* 越南语
050224 △豪萨语
050225 △斯瓦希里语
050226 △阿尔巴尼亚语
050227 △保加利亚语
050228 △波兰语
050229 △捷克语
050230 △罗马尼亚语
050231* 葡萄牙语
050232 △瑞典语
050233 △塞尔维亚－克罗地亚语
050234 △土耳其语
050235 △希腊语
050236 △匈牙利语
050237* 意大利语

0503 新闻传播学类
050301* 新闻学
050302 广播电视新闻学

050303 广告学
050304 编辑出版学

0504 艺术类
050401 音乐学
050402 作曲与作曲技术理论
050403 音乐表演
050404 绘画
050405 雕塑
050406 美术学
050407 艺术设计学
050408 艺术设计
050409 舞蹈学
050410 舞蹈编导
050411 戏剧学
050412 表演
050413 导演
050414 戏剧影视文学
050415 戏剧影视美术设计
050416 摄影
050417 录音艺术
050418 动画
050419* 播音与主持艺术
050420 广播电视编导

06 学科门类：历史学

0601 历史学类
060101 历史学
060102* 世界历史
060104 博物馆学
060105* 民族学

07 学科门类：理学

0701 数学类
070101 数学与应用数学
070102 信息与计算科学
0702 物理学类
070201 物理学
070202 应用物理学（注：可授理学
或工学学士学位）

0703 化学类
070301 化学
070302 应用化学（注：可授理学或
工学学士学位）

0704 生物科学类
070401 生物科学
070402 生物技术

0705 天文学类
070501 天文学

0706 地质学类
070601 地质学
070602 地球化学

0707 地理科学类
070701 地理科学
070702 资源环境与城乡规划管理
070703 地理信息系统

0708 地球物理学类
070801 地球物理学

0709 大气科学类
070901 大气科学
070902 应用气象学

0710 海洋科学类
071001 海洋科学
071002 海洋技术

0711 力学类
071101 理论与应用力学（注：可授
理学或工学学士学位）

0712 电子信息科学类
071201 电子信息科学与技术（注：
可授理学或工学学士学位）
071202 微电子学（注：可授理学或
工学学士学位）
071203* 光信息科学与技术

0713 材料科学类
071301 材料物理（注：可授理学或
工学学士学位）
071302 材料化学（注：可授理学或
工学学士学位）

0714 环境科学类
071401 环境科学
07140 生态学

0715 心理学类
071501 心理学
071502 应用心理学
0716 统计学类
071601 统计学（注：可授理学或经
济学学士学位）

08 学科门类：工学

0801 地矿类
080101 采矿工程
080102 石油工程
080103 矿物加工工程
080104 勘查技术与工程
080105 资源勘查与开发

0802 材料类
080201 冶金工程
080202 金属材料工程
080203 无机非金属材料工程
080204 高分子材料与工程

0803 机械类
080301 机械设计制造及其自动化
080302 材料成型及控制工程
080303 工业设计（注：可授工学或
文学学士学位）
080304 过程装备与控制工程

0804 仪器仪表类
080401 测控技术与仪器

0805 能源动力类
080501 热能与动力工程
080502 核工程与核技术

0806 电气信息类
080601 电气工程及其自动化
080602 自动化
080603 电子信息工程
080604 通信工程
080605 计算机科学与技术（注：可授工学或理学学士学位）
080606 电子科学与技术
080607 生物医学工程

0807 土建类
080701 建筑学
080702 城市规划
080703 土木工程
080704 建筑环境与设备工程
080705 给水排水工程

0808 水利类
080801 水利水电工程
080802 水文与水资源工程
080803 港口航道与海岸工程

0809 测绘类
080901 测绘工程

0810 环境与安全类

081001 环境工程
081002 安全工程

0811 化工与制药类
081101 化学工程与工艺
081102 制药工程

0812 交通运输类
081201 交通运输
081202 交通工程
081203 油气储运工程
081204 飞行技术
081205 航海技术
081206 轮机工程

0813 海洋工程类
081301 船舶与海洋工程

0814 轻工纺织食品类
081401 食品科学与工程（注：可授工学或农学学士学位）
081402 轻化工程
081403 包装工程
081404 印刷工程
081405 纺织工程
081406 服装设计与工程（注：可授工学或文学学士学位）

0815 航空航天类
081501 飞行器设计工程
081502 飞行器动力工程

081503 飞行器制造工程

081504 飞行器环境与生命保障工程

0816 武器类

081601 武器系统与发射工程

081602 探测制导与控制技术

081603 弹药工程与爆炸技术

081604 特种能源工程与烟火技术

081605 地面武器机动工程

081606* 信息对抗技术

0817 工程力学类

081701 工程力学

0818 生物工程类

081801 生物工程

0819 农业工程类

081901 农业机械化及其自动化

081902 农业电气化与自动化

081903 农业建筑环境与能源工程

081904 农业水利工程

0820 林业工程类

082001 森林工程

082002 木材科学与工程

082003 林产化工

0821 公安技术类

082101 刑事科学技术

082102 消防工程

09 学科门类：农学

0901 植物生产类

090101 农学

090102 园艺

090103 植物保护

090104 △茶学

0902 草业科学类

090201 草业科学

0903 森林资源类

090301 林学

090302 森林资源保护与游憩

090303* 野生动物与自然保护区管理

0904 环境生态类

090401 园林

090402 水土保持与荒漠化防治

090403 农业资源与环境

0905 动物生产类

090501 动物科学

090502 △蚕学

0906 动物医学类

090601 动物医学

0907 水产类

090701 水产养殖学

090702 海洋渔业科学与技术（注：可授农学或工学学士学位）

10 学科门类：医学

1001 基础医学类
100101* 基础医学

1002 预防医学类
100201 预防医学

1003 临床医学与医学技术类
100301 临床医学
100302* 麻醉医学
100303* 医学影像学
100304* 医学检验（注：可授医学或理学学士学位）

1004 口腔医学类
100401 口腔医学

1005 中医学类
100501 中医学
100502 针灸推拿学
100503 蒙医学
100504 藏医学

1006 法医学类
100601* 法医学

1007 护理学类
100701 护理学（注：可授医学或理学学士学位）

1008 药学类
100801 药学（注：可授医学或理学学士学位）
100802 中药学（注：可授医学或理学学士学位）
100803 药物制剂（注：可授医学或工学学士学位）

11 学科门类：管理学

1101 管理科学与工程类
110101* 管理科学
110102 信息管理与信息系统
110103 工业工程（注：可授管理学或工学学士学位）
110104 工程管理

1102 工商管理类
110201 工商管理
110202 市场营销
110203 会计学
110204 财务管理
110205 人力资源管理
110206 旅游管理

1103 公共管理类
110301 行政管理（注：可授管理学或法学学士学位）
110302 公共事业管理（注：可授管理学、教育学、文学或医学学士学位）

110303* 劳动与社会保障

110304* 土地资源管理（注：可授管理学或工学学士学位）

1104 农业经济管理类

110401 农林经济管理（注：可授管理学或农学学士学位）

110402 农村区域发展（注：可授管理学或农学学士学位）

1105 图书档案学类

110501 图书馆学

110502 档案学

工科本科引导性专业目录

专业代码　　专业名称

080106Y　　地质工程

080107Y　　矿物资源工程

080205Y　　材料科学与工程

080305Y　　机械工程及自动化

080608Y　　电气工程与自动化

080609Y　　信息工程

080701Y　　建筑学

080703Y　　土木工程

081607Y　　武器系统与工程

经教育部批准同意设置的目录外专业名单

经教育部批准同意设置的目录外专业名单如下表附录 −2 所示。

表附录-2 经教育部批准同意设置的目录外专业名单

专业代码	专业名称	专业代码	专业名称
010104W	伦理学	030406W	国际政治经济学
020105W	国民经济管理	030407S	国际事务
020106W	贸易经济	030504W	火灾勘查
020107W	保险	030505W	禁毒学
020109W	金融工程	030506W	警犬技术
020110W	税务	030507W	经济犯罪侦查
020111W	信用管理	030508W	边防指挥
020112W	网络经济学	030509W	消防指挥
020113W	体育经济	030510W	警卫学
020114W	投资学	030511S	公安情报学
020115W	环境资源与发展经济学	030512S	犯罪学
020116S	海洋经济学	030513S	公安管理学
020117S	国际文化贸易	030514S	涉外警务
020120S	经济与金融	040105W	小学教育
030103S	知识产权	040106W	艺术教育
030120W	监狱学	040107W	人文教育
030303W	家政学	040108W	科学教育
030304W	人类学	040109S	言语听觉科学
030305S	女性学	040110S	华文教育
030405W	国际文化交流	040206S	运动康复与健康
040207S	休闲体育	050240W	普什图语
040301W	农艺教育	050241W	世界语
040302W	园艺教育	050242W	孟加拉语
040303W	特用作物教育	050243W	尼泊尔语
040306W	畜禽生产教育	050245W	荷兰语
040307W	水产养殖教育	050246W	芬兰语
040308W	应用生物教育	050247W	乌克兰语
040311W	农产品储运与加工教育	050248W	韩国语
040312W	农业经营管理教育	050249S	商务英语
040313W	机械制造工艺教育	050250W	塞尔维亚语

专业代码	专业名称	专业代码	专业名称
040314W	机械维修及检测技术教育	050251W	克罗地亚语
040315W	机电技术教育	050252W	挪威语
040316W	电气技术教育	050253W	丹麦语
040317W	汽车维修工程教育	050254W	冰岛语
040318W	应用电子技术教育	050255S	翻译
040322W	食品工艺教育	050305W	传播学
040328W	建筑工程教育	050306W	媒体创意
040329W	服装设计与工艺教育	050422W	艺术学
040330W	装潢设计与工艺教育	050423W	影视学
040331W	旅游管理与服务教育	050424S	广播影视编导
040332W	食品营养与检验教育	050425S	书法学
040333W	烹饪与营养教育	050426S	照明艺术
040334W	财务会计教育	050427S	会展艺术与技术
040335W	文秘教育	050428S	音乐科技与艺术
040336W	市场营销教育	050429S	中国画
040337W	职业技术教育管理	050430S	公共艺术
050106W	中国语言文化	060106W	文物保护技术
050107W	应用语言学	070103S	数理基础科学
050238W	捷克语–斯洛伐克语	070203W	声学
050239W	泰米尔语	070204S	核物理
070303W	化学生物学	080209W	粉体材料科学与工程
070304W	分子科学与工程	080210W	再生资源科学与技术
070403W	生物信息学	080211W	稀土工程
070404W	生物信息技术	080212S	高分子材料加工工程
070405W	生物科学与生物技术	080213S	生物功能材料
070406W	动植物检疫	080214S	电子封装技术
070407W	生物化学与分子生物学	080306W	车辆工程
070408W	医学信息学	080307W	机械电子工程
070409W	植物生物技术	080308W	汽车服务工程
070410W	动物生物技术	080309S	制造自动化与测控技术

专业代码	专业名称	专业代码	专业名称
070411S	生物资源科学	080310S	微机电系统工程
070412S	生物安全	080311S	制造工程
070704W	地球信息科学与技术	080312S	体育装备工程
070802S	地球与空间科学	080402S	电子信息技术及仪器
070803S	空间科学与技术	080503W	工程物理
071003W	海洋管理	080504W	能源与环境系统工程
071004W	军事海洋学	080505S	能源工程及自动化
071005S	海洋生物资源与环境	080506S	能源动力系统及自动化
071204W	科技防卫	080507S	风能与动力工程
071205W	信息安全	080508S	核技术
071206W	信息科学技术	080509S	辐射防护与环境工程
071207W	光电子技术科学	080510S	核化工与核燃料工程
071403W	资源环境科学	080511S	核反应堆工程
071701W	系统理论	080611W	软件工程
071702W	系统科学与工程	080612W	影视艺术技术
080108S	煤及煤层气工程	080613W	网络工程
080109S	地下水科学与工程	080614W	信息显示与光电技术
080206W	复合材料与工程	080615W	集成电路设计与集成系统
080207W	焊接技术与工程	080616W	光电信息工程
080208W	宝石及材料工艺学	080617W	广播电视工程
080618W	电气信息工程	081004W	灾害防治工程
080619W	计算机软件	081005S	环境科学与工程
080620W	电力工程与管理	081006S	环境监察
080621W	微电子制造工程	081007S	雷电防护科学与技术
080622W	假肢矫形工程	081103W	化工与制药
080623W	数字媒体艺术	081104S	化学工程与工业生物工程
080624S	医学信息工程	081105S	资源科学与工程
080625S	信息物理工程	081207W	物流工程
080626S	医疗器械工程	081208W	海事管理
080627S	智能科学与技术	081209W	交通设备信息工程

专业代码	专业名称	专业代码	专业名称
080628S	数字媒体技术	081210S	交通建设与装备
080629S	医学影像工程	081407W	食品质量与安全
080630S	真空电子技术	081408W	酿酒工程
080631S	电磁场与无线技术	081409W	葡萄与葡萄酒工程
080634S	信息与通信工程	081410S	轻工生物技术
080706W	城市地下空间工程	081411S	农产品质量与安全
080707W	历史建筑保护工程	081412S	非织造材料与工程
080708W	景观建筑设计	081413S	数字印刷
080709W	水务工程	081414S	植物资源工程
080710S	建筑设施智能技术	081415S	粮食工程
080711W	给排水科学与工程	081416S	乳品工程
080712S	建筑电气与智能化	081505S	航空航天工程
080713S	景观学	081506S	工程力学与航天航空工程
080714S	风景园林	081507S	航天运输与控制
080724W	道路桥梁与渡河工程	081508S	质量与可靠性工程
080804W	港口海岸及治河工程	081702W	工程结构分析
080805W	水资源与海洋工程	081905W	农业工程
080902W	遥感科学与技术	081906W	生物系统工程
080903W	空间信息与数字技术	082103W	安全防范工程
081003W	水质科学与技术	082104W	交通管理工程
082105W	核生化消防	100810S	药事管理
082106S	公安视听技术	100811W	蒙药学
090105W	烟草	110105W	工程造价
090106W	植物科学与技术	110106W	房地产经营管理
090107W	种子科学与工程	110107S	产品质量工程
090108W	应用生物科学	110108S	项目管理
090109W	设施农业科学与工程	110109S	管理科学与工程
090503W	蜂学	110207W	商品学
090602S	动物药学	110208W	审计学
090703S	水族科学与技术	110209W	电子商务

续　表

专业代码	专业名称	专业代码	专业名称
100202S	卫生检验	110210W	物流管理
100203S	妇幼保健医学	110211W	国际商务
100204S	营养学	110212S	物业管理
100305W	放射医学	110213S	特许经营管理
100306W	眼视光学	110214S	连锁经营管理
100307W	康复治疗学	110215S	资产评估
100308W	精神医学	110217S	商务策划管理
100309W	医学技术	110218S	酒店管理
100310W	听力学	110305W	公共关系学
100311W	医学实验学	110307W	公共政策学
100312S	医学美容技术	110308W	城市管理
100402W	口腔修复工艺学	110309W	公共管理
100505W	中西医临床医学	110310S	文化产业管理
100506W	维医学	110311S	会展经济与管理
100804W	中草药栽培与鉴定	110312S	国防教育与管理
100805W	藏药学	110313S	航运管理
100806W	中药资源与开发	110314S	劳动关系
100807W	应用药学	110315S	公共安全管理
100808S	临床药学	110316S	体育产业管理
100809S	海洋药学	110317S	食品经济管理
110503W	信息资源管理		

注：1.专业代码后带"W"的表示目录外专业。

　　2.专业代码后带"S"的表示在少数高校试点的目录外专业。